MARRAKECH

NATIONAL GEOGRAPHIC

Inhalt

Autorin: Jane Egginton
Lektorat: Sylvie Franquet
Redaktion der Reihe: Karen Rigden
Design: Carol Philp

Übersetzung, Lektorat: Anne Pitz
Deutsche Bearbeitung: Wigel, München

Unsere Autoren haben nach bestem Wissen recherchiert.
Trotzdem schleichen sich manchmal Fehler ein,
für die der Verlag keine Haftung übernehmen kann. Hinweise,
Verbesserungsvorschläge und Korrekturen
sind jederzeit willkommen. Einsendungen an:
E-Mail: spirallo@nationalgeographic.de oder
NATIONAL GEOGRAPHIC SPIRALLO-Reiseführer
MAIRDUMONT GmbH & Co. KG,
Postfach 3151, D-73751 Ostfildern

Herausgegeben von AA Publishing, einem Unternehmen der
AA Media Limited, Fanum House,
Basing View, Basingstoke, Hampshire, RG21 4EA, UK.
Handelsregister Nr. 06112600.

Farbauszug: Keenes, Andover
Druck und Bindung: Leo Paper Products, China

A04031

Das Magazin

Ein gelungener Urlaub ist mehr, als am Strand zu liegen oder einfach nur shoppen, shoppen, shoppen. Wenn Sie wissen, wie das Leben vor Ort tickt, holen Sie das Beste aus ihrer Reise. Das Magazin gibt einen unterhaltsamen Überblick über die gesellschaftlichen, kulturellen und geografischen Zusammenhänge, die dieser Stadt ihren besonderen Zauber verleihen.

MARRAKECH
IN DER FANTASIE

Marrakech ist magisch und berauschend – besonders für Visionäre. Die Beatpoeten und Rockstars der Hippiebewegung der 1960er-Jahre haben sich im Dunst des Haschischs verloren und doch inspiriert die Stadt immer wieder die Kreativen – vom Amateurfotografen bis zum weltberühmten Innenarchitekten – sogar, wenn sie noch nie hier waren.

MIT EINEM WORT

Marrakech-Reisende erkennen noch heute die verzauberte Welt, die Edith Wharton in ihrem Buch *In Morocco* von 1917 beschreibt. Die Highsociety Autorin bereiste Marokko kurz vor Ende des Ersten Weltkriegs und schrieb dabei einen der ersten authentischen Reiseführer über das Land.

George Orwells Arzt verordnete dem an Tuberkulose erkrankten Dichter Wüstenklima und schickte ihn 1938 für sechs Monate nach Marrakech. Erwartungsgemäß handelt sein viel zitierter, aufwühlender Essay *Marrakech* von den Armen und Entrechteten der Stadt.

»An diesem blauen, wolkenlosen Nachmittag saßen wir auf dem Jemaa El Fna ganz vorne und sahen die Gnawa tanzen. Sie trugen mit Kaurimuscheln bestickte Kappen, die bei jeder Bewegung wie Glöckchen klingelten. Sie spielten ihre großen Trommeln und tanzten fast jeden Nachmittag auf diesem Platz.«

In Morocco, Edith Wharton

»Wenn du durch eine Stadt mit 200 000 Einwohnern gehst, von denen mindestens 20 000 buchstäblich nichts besitzen als die Lumpen, die sie am Leib tragen und wenn du siehst, wie die Leute leben und wie schnell sie dahingerafft werden, fällt es dir schwer zu glauben, dass du unter Menschen bist.«

Marrakech, George Orwell

Der Autor George Orwell

MIT DEN AUGEN DER KÜNSTLER

Der britische Premierminister Sir Winston Churchill kam oft nach Marrakech. Die Stadt regte ihn zum Malen an und er liebte seine Suite im La Mamounia Hotel (▶ 70). In einem Brief vom 30. Dezember 1935 beschrieb er seiner Frau die Aussicht aus seinem Fenster:

»Der Blick über Orangen- und Olivenbäume, die Häuser und Stadtmauern des alten Marrakech mit der schneebedeckten Bergkette des bis zu 4167 m hohen Atlasgebirges, das sich wie eine Mauer im Westen erhebt, ist wirklich beeindruckend.«

Sein Ölgemälde *Marrakech* von 1948, das ein solches Panorama zeigt, wurde im Dezember 2007 für 1 Mio. US-Dollar verkauft.

Seite 5: Bunte Teppiche in den Souks

Links: Tanzende Berber, Jemaa El Fna

Rechts: Winston Churchills Ölgemälde *Marrakech*

Von der Leinwand zum Foto: Cecil Beaton machte seine legendären Schwarz-Weiß-Aufnahmen von Mick Jagger und Keith Richard in Marrakech. Diese Bilder gehören zur Legende des Rock 'n' Roll und wurden in die Sammlung der Londoner Portrait Gallery aufgenommen.

Cecil Beatons berühmtes Portrait von Mick Jagger, The Rolling Stones, in Marrakech

MUSIKALISCHE INSPIRATION

Es geht die Legende, dass die morbide Festung in Essaouira Jimi Hendrix zu seinem Song *Castles Made of Sand* inspiriert haben soll. Aber diese Geschichte ist frei erfunden: Hendrix reimte die Strophen zwei Jahre vor seinem Besuch im Jahre 1969. Es war die einzige Urlaubsreise, die er je machte, und er verliebte sich in Essaouira.

Der Einfluss, den Marokko auf Cat Stevens hatte, war stark religiös geprägt. Um sich musikalisch inspirieren zu lassen, packte der Star 1972 seine Koffer, reiste nach Marrakech und konvertierte zum Islam.

Andere Künstler wie Matisse faszinierte die Architektur und Lage der Stadt, ihre strahlenden Farben und ihr beständiger Sonnenschein. Auch heute zieht dieses Licht Künstler und Filmemacher an.

AUS DER SICHT DES KINOS

Orson Welles brachte den Stein ins Rollen als er seinen *Othello* (1949) vor der dramatischen Kulisse der Stadt Essaouira drehte. Hitchcocks *Der Mann, der zuviel wusste* (1955) beginnt mit einer 30 Sekunden langen Einstellung von Marrakech. Der berühmte Film zeigt James Steward mit Doris Day in La Mamounia (► 70) und ist ein Kompliment an diese prächtige Stadt. Seither floriert die marokkanische Filmindustrie.

Bernado Bertolucci hat sein Liebesdrama *Himmel über der Wüste* (1990) nach dem gleichnamigen Roman von Paul Bowles teilweise in Marokko gedreht. Er zeigt seine tragischen Helden Deborah Winger und John Malkovich vor einer Landschaft, die keines weiteren Kommentars bedarf.

Marrakech – Hideous Kinky (1998) nach dem Buch von Esther Freud und mit Kate Winslet erinnert farbenprächtig an Marrakechs Zeit der Blumenkinder. Der Film erzählt aus kindlicher Sicht von zwei Schwestern, deren Mutter auf der Suche nach spiritueller Erkenntnis ist und sie nach Marokko mitnimmt, obwohl die beiden lieber zur Schule gehen und ein geregeltes Leben haben wollen.

Suzanne Cloutier und Orson Welles in *Othello*

»Marrakech erfindet sich ständig neu als Filmset.«

Martin Scorsese reizten nicht nur die marokkanischen Landschaften, sondern auch die niedrigen Produktionskosten. *Die letzte Versuchung Christi* (1988) drehte er an verschiedenen Orten in Marokko. In seinem Film *Kundun* (1997) stellt das Atlasgebirge das tibetische Hochland dar.

Marrakech erfindet sich ständig neu als Filmset. Der Thriller *Machtlos* (2007) von Gavin Hood spielt in einer beliebigen Stadt Nordafrikas, doch in vielen Szenen ist die rosarote Stadt deutlich zu erkennen.

Geflochtene Körbe, bunte Teppiche und Schlappen sind typische Souvenirs, die im Souk La Criee Berbere auf dem Rahba Kedima angeboten werden

SHOPPING
METROPOLE

Marrakech gehört neben New York, Bangkok und Hongkong zu den internationalen Shoppingmetropolen. Schnäppchenjäger kommen in Scharen, um preiswerte Antiquitäten oder Hippie-Chic Accessoires zu ergattern, während Modedesigner und Innenarchitekten einfliegen, um die Straßen des Einkaufs-Mekkas nach neuen Ideen zu durchzukämmen.

DER HANDELSPLATZ

Marrakech entstand im 11. Jh. aus einem Händlermarkt in der Wüste. Es entwickelte sich zur Hauptstadt eines riesigen Königreichs, das sich von Spanien über das Mittelmeer bis hin zum heutigen Senegal nach Westafrika erstreckte. Hier zwischen der Wüste und dem Gebirge trafen sich die historischen Karawanenrouten des Transsaharahandels und aus Timbuktu. Mit ihren Kamelen transportierten sie Gold, Salz und sogar Sklaven, die hier verkauft oder getauscht wurden.

SHOPPING-GENUSS

In Marrakech (➤ 39, Erster Überblick) zu shoppen ist im Vergleich zu den immergleichen Fußgängerzonen und seichten Shoppingzentren Westeuropas wie eine frische Brise. In den Souks der Medina (➤ 52, Altstadtzentrum) finden Sie tausenderlei Geschäfte mit offener Ladenfront. Jedes einzelne führt Sie in eine Schatzkammer voller traditionellem Kunsthandwerk wie Lampen, Schmuck, exquisiten

> »Wo sich uralte Karawanen-routen aus Timbuktu trafen, entstand Marrakech«

Teppichen oder Stoffen. In der Neustadt sind die modernen Boutiquen (▶ 118) wahre Fundgruben. Ob Ethno oder exotisch, das Angebot an Modeartikeln und Designeraccessoires liegt stilsicher genau im Trend. Shoppingexperten lassen sich weder das bunte Treiben der Medina noch die entspannte Neustadt entgehen.

DIE BASARE

Marrakechs Kunsthandwerk hat Tradition, Sie treffen hier auf Schritt und Tritt auf Werkstätten. Die Handwerker stellen kunstfertig filigranen Silberschmuck, Möbel und dekorative Objekte aus Holz sowie hübsche Laternen aus Blech her. In den Gerbereien (▶ 102, Nördliche Medina) können Sie sehen, wie aus Häuten Leder hergestellt wird. Das Verfahren hat sich seit dem Mittelalter – abgesehen von ein paar modernen Maschinen und dem Einsatz chemischer Farben – kaum verändert.

Die Souks sind heute auf Touristen spezialisiert: »Zwar werden die meist in Jellaba gekleideten Fremdenführer nie müde ihren Touristengruppen zu erklären, dass einst jedes Handwerk seinen Sitz in einem eigenen Souk hatte, doch im heutigen Marrakech sind die Gewerbe frei gemischt. Überall werden Souvenirs angeboten, es gibt Kupferlaternen und bunte Tonwaren in jedem Gässchen und sogar Cybernet im … Eier-Souk.« (*Men of Leather: The Tanners of Marrakech*, Justin McGuinness)

Oben: Die traditionelle Tarija Trommel und das Saiteninstrument Lotar werden im Souk angeboten

Rechts: Tische im Schreinermarkt Souk Chouari

DER MARKT

Die farbenfrohen traditionellen Märkte in und um Marrakech sind eine eigene Attraktion. Schon allein

wegen der faszinierenden Einblicke in den Alltag lohnt sich ein Besuch.
Die Einheimischen kaufen mehrmals pro Woche frische Lebensmittel auf
dem Mellah-Markt (▶ 79, Südliche Medina), dabei prüfen sie die Qualität
der Ware genau, ob Ziegenkopf oder Pfefferminzbonbons, und feilschen
zäh um den Preis.

Wenn Sie eine Fahrt zum Tizi-n-Tichka Pass in den Bergen (▶ 147,
Ausflüge) planen, passen Sie den Markttag der Berber im kleinen Dorf Aït
Ourir ab.

IMMOBILIEN KAUFEN

Der Immobilienmarkt in Marrakech boomt seit Jahren. Französische In-
vestoren waren die ersten, die sich für den Preis einer Wohnung in Paris
hier einen ganzen Palast leisten konnten. Dass die Preise seitdem um
ein Vielfaches gestiegen sind, tut der Stadt und ihren Immobilien keinen
Abbruch. Viele Europäer kaufen historische *riads* (Stadthaus mit Garten
im Innenhof) in der Altstadt, um hier zu wohnen oder Hotels aufzuziehen,
zunehmend aber auch Neubauwohnungen und ausgedehnte Villen mit
Pools am Stadtrand der Neustadt und noch weiter außerhalb.

DAS GELD DER TOURISTEN

Da sich Marrakech unter dem wachsenden Strom von Besuchern vergrößert
und wandelt, sorgt sich die Tourismusbranche um die Authentizität der
Märkte. Doch während sich die Neue Stadt den Bedürfnissen modebe-
wusster, jüngerer Käufer anpasst, gibt es wenig Anzeichen, dass sich die
traditionellen Einkaufsgewohnheiten in der Medina wandeln. Sie bleibt ein
aufregender Marktplatz, der sicher auch noch in tausend Jahren existiert
und seine Kundschaft anlockt.

MITBRINGSEL VON DER KÜSTE

Der malerische Badeort Essaouira (▶ 150)
bietet mehr als nur Sonne und Surfen –
sein Kunsthandwerk genießt den besten
Ruf in Marokko. In der lässigen Hafenstadt,
die nur drei Autostunden von Marrakech
entfernt ist, finden Sie echte Könner des
Kunsthandwerks, die Möbel, Musikinstru-
mente und andere Objekte aus dem harten
Holz der einheimischen Thuja mit filigranen
Intarsien herstellen.

MOHAMMED VI.

Marokkos Hoffnungsträger ist der junge König. Handel und Tourismus haben unter seiner Regierung Aufwind erhalten, sein oberstes Ziel ist die Bekämpfung der Armut, doch der Preis des Fortschritts wird auch kritisch gesehen.

IN DER THRONFOLGE

Die 38 Jahre währende Herrschaft von König Hassan II. war von Verschwendungssucht und gewaltsamer Unterdrückung geprägt. Mit seinem Tod begann 1999 eine neue Ära in der marokkanischen Monarchie. Mohammed Ben Al-Hassan, auch bekannt als Mohammed VI., bestieg den Thron im Alter von 36 Jahren und gilt als fortschrittlich, seine Frau ist Informatikerin.

IN DER GANZEN STADT

König Mohammed VI. lebt in der Hauptstadt Rabat, aber er besucht regelmäßig Marrakech und die anderen Königsstädte des Landes. Er ist der mächtigste Mann im Lande und besitzt nicht nur den Großteil des Grund und Bodens, sondern auch große Popularität beim Volk. Sein Konterfei schmückt Taxis, Geschäfte und hängt wie ein Familienangehöriger über den Fernsehern der Privathäuser.

Auf die Frage »Welche Probleme hat Marokko?« antwortete er in einem Interview mit der Zeitschrift *Time:* »Unsere Hauptprobleme sind die Arbeitslosigkeit, die Landwirtschaft, die Trockenheit. Wir kämpfen gegen die Armut. Über diese Themen könnte ich endlos sprechen: Armut, Not, Analphabetismus.«

GERECHTIGKEIT UND WIEDERGUTMACHUNG

Während der Regierungszeit Hassan II. ›verschwanden‹ Tausende in geheimen Gefangenenlagern und wurden gefoltert. Auch der Oppositionsführer Mehdi Ben Barka verschwand spurlos. König Mohammed VI. gründete die Instance Equité et Réconciliation (IER) zur Aufklärung der Menschenrechtsverletzungen aus jener Zeit. Dieser von vielen begrüßte

König Mohammed VI. will die Lebensqualität seines Volks erhöhen

und für die arabische Welt ungewöhnliche Schritt enthält aber Ein-
schränkungen: Die Täter sollen namentlich nicht genannt werden und
die Regierung behält sich das Recht vor, die freie Meinungsäußerung
zu beschränken.

MUTIGER MONARCH?

Der König hat viel gewagt. Er hat Gehilfen seines Vaters entlassen, er hat
die Rechte der Frauen gestärkt und er bezahlt sogar seine Rechnung
selbst, wenn er im La Mamounia speist. Doch seine Monarchie unterscheidet sich von der konstitutionellen Monarchie westlicher Prägung:
Er ernennt den Ministerpräsidenten und die Abgeordneten. Kritik an der
Monarchie ist verboten und wird mit Gefängnisstrafe geahndet. Als Nach-
fahre des Propheten Mohammed ist er der unantastbare »Führer der
Gläubigen«. Er ist zwar im Volk beliebt, doch bleibt abzuwarten, ob er
seine Versprechen halten kann.

DAS GESICHT WAHREN

Der junge Marokkaner Fouad Mourtada stellte 2008 ein Profil des jüngeren
Bruders des Königs auf die Internetplattform Facebook, ein Streich, der auch
George Bush gespielt worden ist. Dafür wurde er zu einer Gefängnisstrafe
von drei Jahren und einer Geldstrafe von mehr als 1000 US-Dollar verurteilt.
Unter dem Druck internationaler Proteste begnadigte ihn der König wenige
Tage vor dem Berufungsverfahren.

DIE BERBER

und der Pascha von Marrakech

Die Berber sind die ursprünglichen Bewohner Marokkos. Viele unterscheiden sich mit ihren blauen Augen, ihrem hellen Teint und dem blonden Haar von der arabisch-stämmigen Bevölkerung. Ihre Kultur wird seit über tausend Jahren ignoriert und mit Füßen getreten. Häufig als primitiv lebende Nomaden dargestellt, ist ihre wahre Geschichte außerordentlich faszinierend.

WAS VERRÄT DER NAME?

Schon die Bezeichnung Berber, die sich vom römischen Wort für »Barbar« ableitet, ist irreführend. Sie hat nichts mit diesem freundlichen Bergvolk gemeinsam, dessen reiche Kultur und freigiebige Gastfreundschaft die Besucher des Atlasgebirges (▶ 142, Ausflüge) stets beeindruckt. Diese freiheitsliebenden Menschen nennen sich selbst *Imazighen* oder »Freie« und mit einem Augenzwinkern rufen sie westlichen Touristen gern ein »Arrumi!« zu, was »Römer!« bedeutet.

OFFIZIELL ANERKANNTE SPRACHEN

Obwohl 60 % der 30 Millionen Einwohner Marokkos von Berbern abstammen, sind die Amtssprachen nur Arabisch und Französisch. Das hat zur Folge, dass viele Berberkinder, die diese Sprachen nicht beherrschen, von der Schulbildung ausgeschlossen und daher benachteiligt sind. Die Diskriminierung der Berbersprache geht so weit, dass Berbernamen verboten sind. Dank der Liberalisierung durch den neuen König (➤ 14) findet der Schulunterricht zunehmend in der Sprache der Berber statt.

DIE GESCHICHTE

Bevor die Berber im 7. Jh. zwangsweise islamisiert wurden, waren sie Christen. Heute ist die Bergwelt weitgehend muslimisch. Zwei der einflussreichsten marokkanischen Berber-Dynastien, die Almoraviden und Almohaden, beherrschten im 11. und 12. Jh. ein gewaltiges Reich. Sie waren Nomaden und etablierten

> »Die ehemaligen Nomaden etablierten die Karawanenrouten«

maßgeblich die Karawanenrouten. Heute leben die meisten von ihnen als Bauern in den ländlichen Gebieten des Atlas.

ROMANTISCH VERKLÄRT

Die vielen verschiedenen Stämme machen es schwer, »den Berber« zu charakterisieren. Manche verdienen Geld damit, Touristen ihre Bräuche zu präsentieren, wie beispielsweise beim Heiratsmarkt in Imilchil (➤ 42,

Links: Berberische Musikanten in Essaouira. Oben: Fremdenführer aus Aït Benhaddou und eine Frau in der traditionellen Tracht des Hohen Atlas

Erster Überblick). Hier sind oft die Teleobjektive von Touristen und Bildreportern aus aller Welt in der ersten Reihe zu sehen, während die Angehörigen der Brautleute durch Barrieren auf Distanz gehalten werden.

AUSBLICK

Obwohl die Berber oft in unwirtlichen Gegenden mit schlechter Infrastruktur, medizinischer Versorgung oder Wassermangel leben, beharrt dieses Bergvolk auf seiner Lebensart. Das musikalische, architektonische und kulturelle Erbe dieser ethnischen Gruppe fasziniert und bereichert – überzeugen Sie sich selbst!

Der Unterricht in ihrer eigenen Sprache bietet seit kurzem vielen Berberkindern völlig neue Zukunftsperspektiven

DER PASCHA VON MARRAKECH

Zu Beginn des 20. Jhs. war Marokko ein mittelalterlicher Feudalstaat, der von Sultan Mohammed V. regiert wurde. 1912 beschnitt die französische Kolonialmacht den Einfluss des Sultans und ernannte einen Pascha (Vizekönig), von dem man sich Loyalität zu Paris versprach. Die Wahl fiel auf T'hami El Glaoui, den Clanführer eines Berberstammes. In den darauffolgenden 40 Jahren spielte Glaoui die Franzosen und den Sultan immer wieder gegeneinander aus. Seine zahlreichen – auch illegalen – Geschäfte verhalfen ihm zu sagenhaftem Reichtum.

Als Freund Churchills war er 1952 zur Krönung von Königin Elizabeth II. in London geladen. Die extravaganten Feste in seinem Palast in Marrakech waren berüchtigt: »Nichts war unmöglich – Europäer und Amerikaner probierten Hasch und Opium … alle Wünsche wurden erfüllt, ganz gleich, ob es Diamantringe, Goldgeschenke oder Sex mit Mädchen und Jungen aus dem Atlas waren.« (*Lord of the Atlas*, Gavin Maxwell)

LAND GOTTES

Der Name Marrakech kommt möglicherweise aus der Sprache der Berber. *Mur (n) akuch* bedeutet »Land Gottes«. In Marrakech wie in ganz Marokko spielt der Islam im täglichen Leben eine zentrale Rolle. Das Minarett der Koutoubia Moschee (▶ 48), von dem fünf Mal täglich über die Dächer zum Gebet gerufen wird, dominiert die Skyline. Um die religiösen Zusammenhänge der Baudenkmäler, Klänge und des Lebens in der Stadt zu verstehen, sollten Sie ein paar Dinge über den Glauben wissen.

DAS WERK GOTTES

Im Islam gibt es keinen Gott außer Allah, der einzig und allmächtig ist. Allein sein Werk ist unfehlbar. Die Innenräume prachtvoller königlicher Paläste wie des El Badii (▶ 73, Südliche Medina) sind mit erlesenen Fliesen dekoriert. Die Kunsthandwerker fügten absichtliche kleine Fehler ein, um so auf die Unfehlbarkeit Allahs hinzuweisen. Der Islam lehnt die Bildverehrung ab, daher gibt es weder Bilder von Allah, Mohammed, Menschen, noch von Tieren. Stattdessen werden florale Motive, geometrische Muster und Kalligrafien verwendet – sehr schön zu sehen in der Koubba Almoravide (▶ 98, Nördliche Medina) aus dem 12. Jh.

Rechts: Die beeindruckende Koutoubia Moschee im traditionellen Stil der Almohaden

Die teilweise zerstörte Tin Mal Moschee ist auch Nicht-Muslimen zugänglich

ISLAM FÜR KINDER

Im Westen wird der Islam zuerst mit den Horrornachrichten und Bildern von Krieg und Terror in Verbindung gebracht. Erklären Sie Ihren Kindern die heiligen »fünf Säulen« des Islam und zeigen Sie ihnen Zusammenhänge mit dem Leben vor Ort auf.

- **Glaubensbekenntnis** Muslime glauben wie Christen an einen Gott – sie nennen ihn Allah. Muslime bestärken ihren Glauben an Allah, indem sie ihre Überzeugung ins Gespräch einflechten, daher hören Sie häufig den Namen Allah. Mohammed war der Prophet Allahs.
- **Gebet** Fünf mal täglich verrichten Muslime ihr Gebet. Das wichtigste findet freitags mittags in der Moschee statt. Wenn der Ruf des Muezzin vom Minarett ertönt, zieht ein Menschenstrom in Richtung Moschee.
- **Wohltätigkeit** Muslime verpflichten sich zu Geldspenden. Deshalb warten viele Arme und Bedürftige in der Nähe der Moscheen auf Almosen.
- **Fasten** Das Fasten im Fastenmonat Ramadan soll den Geist reinigen und für Allah frei machen. Dieser Brauch ähnelt der christlichen Fastenzeit.
- **Pilgerfahrt** Beim Gebet wenden sich alle Muslime gen Mekka, dem Geburtsort des Propheten Mohammed. Muslime, die an einer *haddsch* (Pilgerfahrt) nach Mekka teilgenommen haben, genießen besonderen Respekt und sind an ihren gelben Hüten oder Halstüchern zu erkennen. Das Geschlecht des heutigen Königs von Marokko stammt vom Propheten ab.

IM KERN TOLERANT

Marokko ist heute vorwiegend muslimisch, doch einst war in Marrakech die größte jüdische Gemeinde innerhalb der arabischen Welt beheimatet und in jeder Straße der Mellah, dem alten jüdischen Viertel (▶ 78, Südliche Medina), stand eine Synagoge. Unter französischem Einfluss wurden auch christliche Kirchen erbaut, wie die Église des Saints-Martyrs (▶ 122, Neustadt). Im Zeichen geistiger Toleranz fördert König Mohammed VI. eine gemäßigte Interpretation des Korans und die friedliche Koexistenz der Religionen.

TABUS

Anders als in Ägypten und der Türkei dürfen Nicht-Muslime religiöse Gebäude in Marokko zumeist nicht betreten. Die Moscheen in Marrakech dürfen nur von Muslimen betreten werden. Für alle offen sind die Koranschule Medersa Ben Youssef (▶ 100, Nördliche Medina) und die Ruine der Moschee Tin Mal im Atlasgebirge (▶ 145, Ausflüge).

TOURISTISCHE FEHLTRITTE

Typisch westliche Urlaubskleidung wie kurze Hosen und ärmellose Hemden werden gar nicht gern gesehen. Achten Sie darauf, sich angemessen zu kleiden (Schultern und Knie bedeckt) und Körperkontakt wie Küsse oder Händchenhalten in der Öffentlichkeit zu vermeiden. Beachten Sie im Ramadan (▶ 156, Nationalfeiertage) das Gebot, bei Tageslicht nicht zu essen, zu trinken oder zu rauchen. Alkohol ist im Islam verpönt, wird hier aber toleriert. Es gibt etliche Cocktailbars in der Neustadt, doch in Sichtweite einer Moschee ist der Genuss von Alkohol verboten.

FRAUEN UND DER KORAN

Es begann 2006 mit der Weihe von 50 weiblichen *mourchidats*, »weiblichen Pfarrern«, die in marokkanischen Moscheen Koranunterricht für Frauen geben. Wie bei vielen anderen Religionen sind auch im Islam die geistlichen Vertreter überwiegend männlich. Der Schritt des Königs war gewagt (▶ 14). Er hat erkannt, dass extremistische Ideen vor allem bei Menschen mit geringer Bildung fruchten, und dass zwei Drittel der Marokkanerinnen nicht lesen können. Die Predigerinnen vertreten einen gemäßigten Islam und holen die Frauen aus ihrer gesellschaftlichen Isolation. Weitere familienrechtliche Reformen der Scharia stellen Frauen in der Ehe gleich und geben ihnen das Recht auf Scheidung.

Im Uhrzeigersinn: Fässer mit Gewürzen im Souk Essalam, Teekanne mit Minztee, Teigtaschen mit Meeresfrüchten, *tajine* mit Huhn und Gemüse, *tajine*-Töpfe brodeln am Straßenrand von Hivernage, Datteln an einem Stand für getrocknete Früchte in Jemaa El Fna, frische Pfefferminzblätter, große Gewürzhüte auf dem Basar im Mellah-Viertel

Die Aromen der Stadt ...

KULINARISCHE TOUR

Marokkanische Gerichte gehören zum Besten was die nord-afrikanischen Küche bietet und hat den Weg in weltbe-rühmte Restaurants gefunden. Marokkanische Rezepte sind international begehrt. Eine junge Generation von Chef-köchen, einige mit Sternen des Guide Michelin ausgezeichnet, bereichern Marrakech mit dem Niveau der Haute Cuisine.

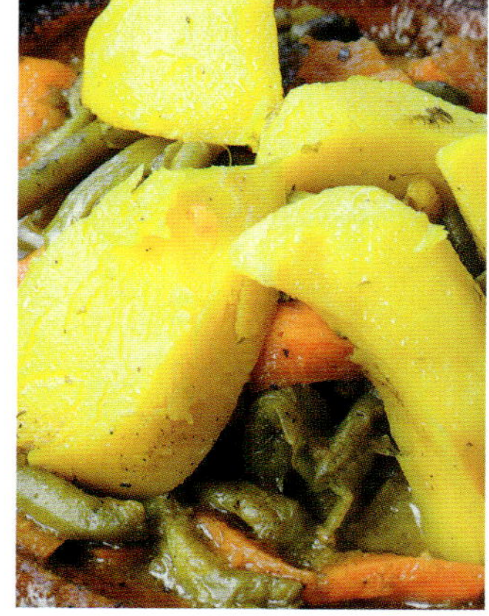

SLOW FOOD

Zeit ist die wichtigste Zutat für traditionelle marokkanische Speisen. Die Rezepte sind Jahrhunderte alt. Volle, abgerundete Aromen entstehen durch das langsame Garen. Auch beim Essen besteht keine Eile, ein echtes marokkanisches Gastmahl zieht sich über Stunden.

Oben: Die Schnecken an den Marktständen sind ein Vermächtnis der französischen Küche. Rechts: Berge von Trockenobst

SCHMELZTIEGEL

Die Speisen spiegeln die wechselnden kulturellen Einflüsse in Marokko wider. Marrakech als Handelsstadt und Ziel für Eroberer ist sein kulinarisches Herz. Die französische Kolonialzeit lässt sich noch aus einigen raffinierten Gerichten herausschmecken. Couscous, *tajine* (Bezeichnung für verschiedene Eintopfgerichte, die in einem traditionellen Tongefäß geschmort werden) und *harira* (pikante Kichererbsen, Lamm und Tomatensuppe) sind von den Berbern überliefert. Die Nomaden brachten Datteln, Milch und Brot, aus Andalusien kamen Zitronen, Oliven und Olivenöl. Aus dem Osten führten die Araber Safran, Koriander, Kreuzkümmel und Paprika nach Marokko ein.

SÜSSE VERFÜHRUNG

Marokkaner lieben Süßes, vom traditionellen Backwerk mit Mandeln und Honig, das oft mit Orangenblüten oder Rosenwasser aromatisiert wird, bis zum köstlichen und aufwendigen französischen Gebäck. In den zahlreichen Patisserien der Neustadt in Marrakech finden Sie die ganze Palette.

WHISKEY DER MUSLIME

Den Minztee, der überall in der Altstadt getrunken wird, nennen die Marokkaner augenzwinkernd »Whiskey der Muslime«. Der Genuss von alkoholischen Getränken ist in Sichtweite einer Moschee verboten. Wenn Sie den süßen Tee über haben, versuchen Sie es doch mal mit einem frisch gepressten Orangensaft an einer der pastellfarbenen Buden in Jemaa El Fna (➤ 58).

ZEHN AROMEN FÜR ZUHAUSE

Bringen Sie aus Ihrem Urlaub die beliebtesten Gewürze Marokkos mit in die heimische Küche:

- Sattroten Safran als dezentes Gewürz mit kräftiger Farbwirkung.
- Süßes Rosenwasser und Orangenblütenwaser, um den Gerichten eine blumige, duftige Note zu verleihen.
- Frische Minze für Tee und Salate.
- Für die Zubereitung einer *tajine* brauchen Sie eingelegte Zitronen.
- Gemahlener Kreuzkümmel, ein intensives Gewürz, ist für viele marokkanische Lamm- und Huhngerichte unentbehrlich.
- Probieren Sie Kurkuma. Die ›Gelbwurz‹ ist die Hauptnote der *harira*-Suppe, einer abendlichen Fastenspeise während des Ramadans.
- Ingwer wärmt und verleiht Suppen und Eintöpfen das gewisse Etwas.
- Tomaten- und Gemüsegerichte werden mit geräucherter Paprika akzentuiert.
- Kaufen Sie Anissamen für selbst gebackenes Brot und Kekse.
- Sesamsamen zum Bestreuen von Brot und Desserts.
- *Ras el hanout,* die berühmte marokkanische Gewürzmischung.

STADT
DES STILS

Marrakech ist Modezentrum – nicht nur für Marokko, sondern für ganz Nordafrika. Stylisten und Fotografen schwärmen von der Mode- und Filmszene. Der Ruf Marrakechs als Trendsetter hat Bestand: in den vergangenen hundert Jahren hatte die Stadt fast immer die Nase vorne.

ARCHITEKTUR

In den 1960er-Jahren suchte der Architekt Bill Willis dem Millionär Paul Getty einen Palast und blieb selbst. Er entwarf das Spitzenrestaurant Yacout und eine Villa für Yves Saint Laurent, der seine Liebe zu Marrakech noch in seinem letzten Wunsch ausdrückte: Nach seinem Tod 2008 wurde seine Asche im Jardin Majorelle (➤ 116, Neustadt) verstreut.

IN ROSAROT

Auf allen Fotos, Ölbildern und Aquarellen von Marrakech fasziniert die rosarote Farbe der Stadt,

Marokkanisches Design findet sich in den kleinsten Details

Rechts: Kunstgegenstände auf dem Antiquitätenmarkt des Souk Smarine

Unten rechts: Der Wüstenlehm verleiht Marrakechs Mauern die berühmte rosarote Farbe

die sie im wahrsten Sinne des Wortes der Erde verdankt: Sie ist aus dem Lehm der Wüste gebaut. Der Farbklang der sattgelben und violetten Kleidung der Einheimischen mit den intensiven Orange- und Rottönen der Häuser inspiriert viele Künstler.

EINZIGARTIGE OASEN

Die Hotels in der Bauweise der *riads* mit ihren angenehm kühlen Innenhöfen mit Brunnen voller Rosenblätter bieten jeden Komfort internationaler Hotels (▶ 35, Erster Überblick). Internationale Architekten haben die traditionelle marokkanische Bauweise geschickt mit innovativen Elementen kombiniert und so eine minimalistische, afro-orientalische Atmosphäre kreiert.

MODE-IKONE

Innenarchitekten und Modeschöpfer lassen sich in den Souks und Galerien inspirieren. Schnäppchenjäger aus aller Welt ergattern die Schätze des Orients, von einfacher bunter Keramik bis hin zu raffiniert geschnitzten antiken Betten. Die Kunstfertigkeit der einheimischen Kunsthandwerker kommt nie aus der Mode.

Highlights auf einen Blick

ROMANTISCHE *RIADS*

Die lauschigen, exquisiten *riads* gehören wohl zu den romantischsten Refugien weltweit.

- **Riad Enija** (➤ 36), eines der schönsten der Stadt. Im verwilderten Garten kann man ungestört essen.
- Genießen Sie eine Massage und ein romantisches Candlelight-Dinner im noblen **Riad Farnatchi** (➤ 36).
- Spät frühstücken und tagsüber faulenzen ist im lässigen **Riad Tizwa** (➤ 36) angesagt.

FANTASTISCHE GÄRTEN

Die Gärten der Wüstenstadt sind luxuriöse Oasen.

- Die **Jardins de l'Agdal** (➤ 76) wurden für die Erholung des Königshauses angelegt.
- Der **Jardin Majorelle** (➤ 116) ist mit seinen Bougainvilleas, Stauden und Singvögeln die letzte Ruhestätte Yves Saint-Laurents.
- Blühende Rosen, sattes Grün und gepflegte Anlagen umgeben die **Koutoubia Gärten** (➤ 131).
- Der von Zypressen gesäumte **Jardin Ménara** (➤ 120) schützte einst die Privatsphäre des Sultans.

Riads bieten alles für einen romantischen Erholungsurlaub

Oben: Stadtmauern vor der Kulisse des Atlasgebirges. Unten: Skala de la Ville in Essaouira

DIE SCHÖNSTEN AUSSICHTEN

Einzigartige und faszinierende Aussichtspunkte – für ultimative Schnappschüsse.

- Eindrucksvoll wirkt die rosarote Stadt vor dem schneebedeckten **Atlasgebirge** (➤ 142).
- Der Kontrast der riesigen Befestigungswälle von **Essaouira** (➤ 150) mit dem blauen Meer.
- Im See des **Jardin Ménara** (➤ 120) spiegeln sich die Gipfel des Atlas.
- Die Caféterrassen am Jemaa El Fna über dem **Nachtbasar** (➤ 50).
- Der atemraubende Blick vom 2100 m hohen **Tizi-n-Test Pass** (➤ 144)

KAFFEEKULTUR

In den zahlreichen Cafés entkommen Sie dem geschäftigen Treiben der Altstadt.

- Das entzückende **Café des Épices** (➤ 60) ist nach den Gewürzhändlern des Viertels benannt und liegt mitten im Herzen der Souks.
- Im **Café du Livre** (➤ 124) erwarten Sie internationale Bücher und mit Sternen prämierte Küche in Club-Atmosphäre.
- *Das* Café in Marrakech ist das elegante **Grand Café de la Poste** (➤ 125). Kommen Sie zum Frühstück und bleiben Sie mindestens bis zum Mittagessen.

ZUM ABTANZEN

Das Nachtleben Marrakechs entwickelt sich mehr und mehr zum Treffpunkt des Jetset.

- **Nikki Beach** (➤ 127), das Strandhotel mit Restaurant ist ein Ableger aus St. Tropez mit Nachtclub für Modefreaks.
- Ibiza feiert im **Pacha** (➤ 128) zur Musik der jungen Generation.
- Aus alt mach neu: der extravagante Nachtclub **Théâtro** (➤ 128) war früher ein Theater.

GEHOBENE BADEKULTUR

Dampfbäder und Massagen zeichnen ein marokkanisches Badehaus aus.

- **Les Bains de Marrakech** (➤ 90), das professionellste der Stadt, mit Wellness-Paketen für Singles und Paare.
- **Hotel Jardins de la Koutoubia** (➤ 64) europäische Atmosphäre mit Beauty-Behandlungen.
- **Les Bains Ziani** (➤ 90) die perfekte Kombination von preiswerter Originalität.

EINHEIMISCHE KÜCHE

In den besten Restaurants Marrakechs genießen Sie das wahre Marokko.

- Ein Kochkurs bei **Souk Cuisine** (➤ 64) weiht Sie in die Geheimnisse der marokkanischen Küche ein.
- Auf dem **Nachtmarkt** (➤ 61) werden zahllose lokale Gerichte angeboten und machen ihn zu einem der reizvollsten Freiluft-Restaurants der Welt.
- Speisen Sie wie ein König im **Restaurant Al Fassia** (➤ 125).

Marokkanisch Kochen für Anfänger

Erster Überblick

Ankunft

Vom Flughafen in die Stadt

- Der vor kurzem erweiterte Flughafen **Menara** liegt nur 6 km außerhalb vom Zentrum Marrakechs. Mit dem Taxi brauchen Sie vom Flughafen in die Innenstadt nur 10 bis 15 Minuten, in die Neustadt und nach La Palmeraie, etwa 20 Minuten.
- Ein **Taxi** in die Innenstadt oder Neustadt kostet ca. 60–80 DH, nach La Palmeraie etwa 150 DH, die Nachttarife liegen etwas höher.
- Am angenehmsten ist es, den **Transfer vom Hotel** arrangieren zu lassen. Es kostet nicht mehr, als wenn Sie den Preis selbst vor Ort aushandeln, da Hotels Preisvereinbarungen mit Taxifahrern haben. Vor allem kennt ihr Fahrer dann bereits die Strecke und bringt sie auf direktestem Weg zum Hotel – was bei einer Fahrt in die Medina viel wert ist.
- Es gibt auch eine **Busverbindung** zwischen dem Flughafen und der Innenstadt. Die Bus Nummern 11 und 19 brauchen etwa 30 Min. zum Jemaa El Fna. Busfahrkarten kosten etwa 3 DH und sind im Bus erhältlich, die Haltestelle liegt etwa 600 m vor dem Flughafenterminal.

Autovermietung

Mieten Sie kein Auto, denn der Verkehr in Marrakech ist nervenaufreibend und eine Fahrt in die Berge ist selbst für gute Fahrer eine Herausforderung. Die Wege in Marrakech sind kurz und die Taxis preiswert. Wenn Sie jedoch nicht auf ein eigenes Auto verzichten wollen, können Sie bei den Autovermietungen in der Neustadt oder am Flughafen im Voraus einen Wagen reservieren. Sie können auch gegen einen geringen Aufpreis einen Wagen mit Fahrer oder ein Großtaxi mieten (► 34).

Touristeninformationen

Zurzeit gibt es am Flughafen keine Touristeninformation. Die Büros sind in der Neustadt und in der Medina. Allerdings bekommen Sie hier kaum mehr Informationen als die kostenlosen Karten und Broschüren, die Sie in der Regel auch im Hotel oder an den Sehenswürdigkeiten erhalten.

Staatliche marokkanische Touristeninformation (Office National Marocain du Tourisme)

✠ 168 A3 ✉ Place Abdelmoumen Ben Ali, Guéliz
☎ 024 436 131; www.visitmorocco.com
🕐 Mo–Fr 8.30–12, 14.30–17 Uhr

✠ 168 A3 ✉ Place Youssef Ben Tachfine, Koutoubia
☎ 024 385 261
🕐 Mo–Fr 8.30–12, 14.30–17 Uhr

Das zweite Büro (auf der anderen Straßenseite hinter der Koutoubia Moschee) ist am Wochenende geschlossen, aber hinter dem Büro ist ein Stand der Touristenpolizei, die gerne weiterhilft.

Unterwegs in Marrakech

In der Medina

- Das abenteuerliche Gefühl, sich beim Bummeln in der alten Medina ständig zu verirren, gehört dazu. Ein Kompass kann Ihnen im Gewirr der Gassen mit immer wieder ähnlichen Ecken nützlich erscheinen, doch wenn Sie sich einfach treiben lassen, können Sie die Entdeckung dieses Viertels besser genießen.
- Familien mit Kleinkindern machen um die Medina mit ihren lärmenden Rollern, trottenden Eseln und ihren unebenen Wegen in der sengenden Hitze besser einen großen Bogen. Für größere Kinder ab 10 Jahren sind die fremdartigen Eindrücke, Gerüche und Geräusche und die mittelalterliche Atmosphäre interessanter.
- Die Medina ist von der alten Stadtmauer umschlossen. Jenseits der Mauer finden Sie sich an einer staubigen Stadtautobahn wieder, wo wenig Rücksicht auf Fußgänger genommen wird.

Schnorrer

Vorsicht, wenn Jungen oder junge Männer Ihnen Hilfe bei der Orientierung anbieten! Auch wenn Sie nichts zu befürchten haben, kann diese Hilfe lästig werden, da eine Bezahlung erwartet wird oder Sie einen großen Umweg zum Geschäft eines »Onkels« machen. Wenn Sie sich verlaufen haben, bleiben Sie gelassen. Fragen Sie Verkäufer oder Einheimische, die nicht so offensichtlich um Sie bemüht sind, nach dem Weg.

Fremdenführer

Früher war es schon allein wegen der Schnorrer praktisch, sich einen Fremdenführer engagieren. Aber die Kontrollen der Polizei haben dies heute weitgehend überflüssig gemacht. Wenn Sie einen Führer suchen, lassen Sie sich eine Empfehlung vom Hotel geben oder fragen Sie in der Touristeninformation nach einem registrierten Führer. Vereinbaren Sie den Preis immer vorab und denken Sie daran, dass Sie in einigen Geschäften kräftige Provisionen mitzahlen.

Reisen mit Behinderungen

Einrichtungen für Gehbehinderte sind in Marokko sehr rar, auch in Marrakech können Gehbehinderte und Rollstuhlfahrer auf Schwierigkeiten stoßen. Selbst der offene große Platz Jemaa El Fna hat einen so holprigen Belag, dass er für Rollstuhlfahrer problematisch ist. Abgesehen davon sind die Leute sehr hilfsbereit und die zahlreichen neueren Hotels sind viel besser ausgestattet. Wenn Sie betroffen sind, erkundigen Sie sich vorab im Reisebüro oder beim Hotel genau nach den örtlichen Gegebenheiten.

Mit öffentlichen Verkehrsmitteln:
Busse

- Die Taxis sind preiswert und überall verfügbar, daher benutzen wenige Reisende die öffentlichen Verkehrsmittel. Für alle, die aufs Geld achten müssen oder neugierig sind, gibt es öffentliche Busse. Achten Sie im Gedränge auf ihre Taschen, wie überall gibt es auch hier Taschendiebe.
- Bus Nr. 1 bringt Sie nach Guéliz in der Neustadt. Nr. 8 fährt zum Bahnhof (*gare des trains*), Nr. 10 zum Busbahnhof (*gare routière*) und Nr. 11 über Jardin Ménara zum Flughafen südwestlich der Stadt. Die Busse fahren am Bab Doukkala ab. Fahrkarten sind im Bus für etwa 3 DH erhältlich.

Taxis

Wenn der Fahrer das gesetzlich vorgeschriebene Taxameter nicht einschaltet, können Sie darauf bestehen oder vor der Fahrt einen Fixpreis vereinbaren. Rechnen Sie mit 50 DH für eine Fahrt von der Innenstadt zur Neustadt und nach La Palmeraie mit etwa 80 DH (inkl. Preisnachlass). Nennen Sie dem Fahrer bei Fahrtantritt klar und deutlich ihr Ziel. Es kommt vor, dass Fahrer sich nicht auskennen, dann sollten Sie die Fahrt abbrechen.

Großtaxis *(grand taxis)*

Diese Limousinen, meist Marke Mercedes, bieten bis zu **fünf Personen** Platz. Allerdings sind die engen Gassen der Medina innerhalb der Stadtmauern für Großtaxis gesperrt. Ansonsten können Sie Großtaxis für jedes beliebige Ziel mieten. Bei mehr als drei Personen rechnet sich der Preis im Vergleich zu zwei *petit taxis* und sie sind für Fahrten nach außerhalb eine **gute Alternative zu Mietautos**. Großtaxis haben keine Taxameter.

petit taxis

Sie sind **klein, gelb und mit Heckklappe** und das Taxameter oft »defekt«. Die Taxis, die Sie auf der Straße herbeiwinken können, sind zwar preiswerter, aber wenn Sie vom Hotel oder Restaurant aus eines rufen lassen, ist die Kommunikation mit dem Fahrer einfacher. Die *petit taxis* fahren nur bis zum Rand der Medina, sodass Sie noch ein paar Schritte gehen müssen, wenn Sie hinein wollen. Sie nehmen maximal drei Fahrgäste mit.

Kutschen *(calèches)*

Von diesen **offenen Pferdegespannen** haben Sie eine gute Sicht und erleben Marrakech hautnah, aber der immer dichter werdende Verkehr trübt das Vergnügen etwas. Vereinbaren Sie den Preis vor der Fahrt, zum Stundentarif von ca. 9 Euro können Sie viele wichtige Sehenswürdigkeiten erreichen. Den Kutschenstand finden Sie am Place de Foucauld an der südwestlichen Seite des Jemaa El Fna.

Busrundfahrten

Unübersehbar sind die roten Doppeldeckerbusse, mit denen Sie auf Sightseeing-Tour gehen können. Mit einem **24-Stundenticket** verschaffen Sie sich bequem einen ersten Überblick über die Stadt. City Sightseeing (Tel. 024 339 637; www.city-sightseeing.com) bietet zwei Touren an (130 DH pro Tag, 200 DH für zwei Tage.)

Die »**Marrakech Monumental**« Route führt über das Théâtre Royal, den Palais des Congres, den Place de la Liberté und die Tombeaux Saâdiens. Die Fahrt dauert 90 Min. und startet alle 20 bis 30 Min. (Juli-Aug. 9–20 Uhr, Sept.–Okt. 9–19 Uhr, Nov.–Feb. 9–17.30 Uhr). Die »**Romantique**« Route geht über den Jardin Majorelle, Le Tikida Garden und Palmeraie Golf Palace und dauert 60 Min. Abfahrtszeiten sind 13, 14.10 , 15.20, 16.30 Uhr (und 17.30 Uhr von April–Sept.) Beide Routen fahren mehrere Haltestellen in der Stadt an, unter anderem auch die Touristeninformation in Guéliz. Über Kopfhörer erfahren Sie Wissenswertes über die Highlights, die auf dem Weg liegen. Die Busse fahren täglich bis spätnachmittags.

Eintrittspreise

Eintrittspreise in Museen und Sehenswürdigkeiten sind in folgenden Preiskategorien angegeben. Da der Wechselkurs des marrokanischen Dirham (DH) starken Schwankungen unterliegt, sind die Angaben in Euro:

Preiswert: unter 1 Euro   **Mittel:** 1–2 Euro   **Teuer:** über 2 Euro

Übernachten

Die *riads*, Hotels mit Innenhof, vermitteln in dem Chaos der Medina Geborgenheit und Frieden. Sie werden oft von Europäern geführt, die die Atmosphäre individuell prägen. Ihre exquisite Ausstattung und das service-orientierte Personal können den Aufenthalt zu einem echten Highlight für Sie machen. Wenn Sie aber auf Minibar, Fernsehen und Telefon im Zimmer nicht verzichten wollen oder mit Kindern reisen, nehmen Sie besser ein modernes Hotel in der Neustadt.

Übernachtungspreise

Da der Wechselkurs des marrokanischen Dirham (DH) starken Schwankungen unterliegt, sind die Angaben in Euro. Rechnen Sie für ein Doppelzimmer pro Übernachtung mit:

€ unter 100 Euro   €€ 100–200 Euro   €€€ über 200 Euro

Dar Charkia €€

In diesem *riad* ist man ganz und gar um Ihr Wohlbefinden bemüht, Sie erwartet ein behaglicher und komfortabler Aufenthalt mit beheiztem Pool, einer hübschen Dachterrasse und sehr gutem Essen.
✚ 164 A3 ✉ 49–50, Derb Halfaoui, Bab Doukkala ☎ 024 37 64 77; www.darcharkia.com

Dar Les Cicognes €€€

Wie in den meisten *riads* ist auch in diesem luxuriösen Hotel jedes Zimmer anders gestaltet. Es gibt zwar keinen Pool, Sie können sich aber auf den Terrassen, im Innenhof, in der Bücherei oder im Hamam erholen. Das Personal ist sehr hilfsbereit.
✚ 169 C2 ✉ 108, Rue de Berima,
☎ 024 38 27 40; www.lescigognes.com

Les Jardins de la Koutoubia €€€

Eine der wenigen luxuriösen und kinderfreundlichen Unterkünfte in der Medina. Das namhafte Hotel hat charmantes Personal, drei Pools und drei großartige Restaurants. Das Spa können nicht nur Hausgäste besuchen.
✚ 164 B4 ✉ 26, Rue el Koutoubia ☎ 024 38 88 00; www.lesjardinsdelakoutoubia.com

Jnane Mogador €

Schlicht und preiswert, aber immer wieder gut bewertet. Reservierungen sind etwas schwierig – bestehen Sie auf eine schriftliche Bestätigung.
Frühstück und Abendessen werden extra berechnet. Hamam, tolle Aussicht vom Dach und nur wenige Minuten vom Jemaa El Fna entfernt.
✚ 164 A1 ✉ 116, Riad Zitoun Kedim, Derb Sidi Bouloukat ☎ 024 42 63 23; www.jnanemogador.com

Maison Mnabha €€€

In diesem mit Antiquitäten eingerichteten Palast aus dem 17. Jh. fehlt nichts. Das Haus hat Satellitenfernsehen und fünf Sterne. Der Service kümmert sich mit viel Liebe zum Detail um die Gäste, Frühstück und Abendessen sind hervorragend.
✚ 168 C1 ✉ 32–33, Derb Mnabha, Kasbah ☎ 024 38 13 25; www.maisonmnabha.com

Riad 72 €€–€€€

Das familienfreundliche *riad* mit italienischer Geschäftsleitung und reizendem Service, verfügt nur über vier Zimmer, darunter eine Hochzeitssuite. Sie können für 600 Euro das Haus komplett mieten. Genießen Sie wunderbares Essen und entspannen Sie sich im Hamam oder unter den Bananenbäumen.
✚ 164 A2 ✉ 72, Arset Awsel, Bab Doukkala ☎ 024 38 76 29; www.riad72.com

Riad El Fenn €€€

Das Personal liest ihnen jeden Wunsch von den Augen ab, ohne aufdringlich zu sein. Romantisch und

erholsam, mit Spa, Pools und sogar einem Kino gehört dieses *riad* zweifellos zu den besten Marrakechs.
✠ 164 B1 ✉ Derb Moullay Abdullah Ben Hezzian, Bab El Ksour ☎ 024 44 12 20/10; www.riadelfenn.com

Riad Enija €€€
Dieses *riad* mit seinen geschnitzten Türen und Lampen aus Indien wirkt wie aus dem Märchen. Beim Abendessen im Garten geben Ihnen Musikanten und Singvögel ein Ständchen. Der Pool liegt etwas abseits. Es gibt zwar kein Hamam, aber erstklassige Massagen. Keine Kreditkarten.
✠ 164 C2 ✉ 9, Derb Mesfioui, bei der Rue Rahba Lakdima ☎ 024 44 09 26; www.riadenija.com

Riad Farnatchi €€€
Buchen Sie Suite 1: Ein privates Mini-*riad* mit plätscherndem Brunnen. Genießen Sie ein Candlelight-Dinner oder ein Barbecue für Zwei auf dem Dach, kuscheln Sie in den *b'hous* (überdachte Sitzecken) oder lassen Sie sich im Hamam abschrubben. Der hervorragende Service macht dieses *riad* unvergleichlich.
✠ 164 C2 ✉ Derb El Farnatchi, Rue Souk El Fassis, Qua'at Ben Ahid ☎ 024 38 49 10/12; www.riadfarnatchi.com

Riad Kniza €€–€€€
In diesem großartigen *riad* bemühen sich Besitzer und Personal mit Hingabe um das Wohl der Gäste. Eines der wenigen von Einheimischen geführten *riads* Marrakechs. Der Preis beinhaltet eine halbtägige Führung durch die Medina. Die alternative Bergtour ist sehr empfehlenswert.
✠ 163 F3 ✉ 34, Derb l'Hôtel, Bab Doukkala ☎ 024 37 69 42; www.riadkniza.com

Riad Mehdi €€
Das Preis-Leistungs-Verhältnis in diesem angenehmen *riad* ist hervorragend. Buchen Sie lange im Voraus. Es gibt nur Suiten, ein Spa, einen Garten und einen Pool. Alle Gemeinschaftsräume sind klimatisiert. Durch die klassische Architektur merkt man kaum, dass das Haus ein Neubau ist.
✠ 168 B2 ✉ 2, Derb Sedra, Bab Agnaou ☎ 024 38 47 13/17; www.riadmehdi.net

Riad Noga €€
Ein gemütliches, mit Bougainvillea zugewachsenes, Bed & Breakfast. In den Zimmern stehen Tee, Kaffee und Hausschuhe bereit. Außergewöhnlich sind der sehr große Pool, die Dachterrasse und die tiefen, mit Mosaiken verzierten Badewannen. Auf die Bedürfnisse älterer Gäste bzw. Gästen mit größeren Kindern ausgelegt. Im August geschlossen.
✠ 169 D4 ✉ 78, Derb Jedid Douar Graoua ☎ 024 37 76 70; www.riadnoga.com

Riad Tizwa €–€€
Einladend und sehr günstig. Fragen Sie nach Zimmer 2 mit Zutritt zur Dachterrasse, oder Zimmer 3 mit eigenem Hamam. Alle Zimmer haben Dockingstationen für iPods. Das leckere Frühstück wird bis zum Abendessen serviert.
✠ 168 B5 ✉ 26, Derb Gueraba, Dar Esl Bacha ☎ 068 19 08 72; www.riadtizwa.com

Außerhalb Marrakechs
Kasbah du Toubkal €–€€€
Die renovierte Burg im Atlasgebirge bietet Gruppenunterkünfte, Zimmer und Suiten an. Da sie nur 60 km von Marrakech entfernt liegt, bietet sich hier bei einem Ausflug nach Imlil ein Zwischenstopp zum Mittagessen mit anschließendem Besuch eines Berberdorfes an. Wenn Sie Zeit haben, bleiben Sie über Nacht. Die Kasbah arbeitet eng mit der Gemeinde Imlil zusammen und bietet auch längere geführte Touren an.
✠ außerhalb Karte ✉ BP 31, Imlil ☎ (+44) 1883 744392 (GB); www.kasbahdutoubkal.com

Riad de la Mer €
Eine zauberhafte Unterkunft, wenn Sie Essaouira besuchen. Von der herrlichen Terrasse haben Sie Blick aufs Meer und über die Stadt. Sie können ein Zimmer nehmen oder das ganze Haus mieten (neun Betten).
✠ außerhalb Karte ✉ 7–9, Rue Khalid ben Ouali, Kasbah, Essaouira ☎ 060 75 58 94; www.riaddelamer.co.uk

Essen und Trinken

In Marrakech essen zu gehen ist ein fantastisches Erlebnis, aber Sie sollten bei der Wahl kritisch sein und sich vorab informieren. Trotz der großen Zahl an Touristen lassen sich die wirklich guten Restaurants jedes Stadtteils an einer Hand abzählen. Rein zufällig werden Sie kaum eines davon entdecken.

Einen Tisch reservieren

Da die Plätze schnell vergeben sind, müssen Sie das Essengehen planen. Die besten Restaurants sind im Voraus ausgebucht (in der Regel kann die Rezeption Ihres Hotels einen besseren Tisch für Sie reservieren als wenn Sie selbst anrufen). In *riads* müssen Sie am Vorabend reservieren oder morgens, wenn Sie im selben Haus übernachten.

Am häuslichen Herd gekocht

Essen Sie wenigstens ein Mal in einem *riad* – die Gerichte werden im Haus zubereitet und sind weit besser als aus Großküchen. In vielen können Sie auch als externe Gäste speisen, aber Sie sollten immer einen Tag vorher reservieren. Viele *riads* bieten außerdem kleine ungezwungene Kochkurse an, die sehr zu empfehlen sind (► 38).

kii-kif (Nullachtfünfzehn)

In vielen Touristenrestaurants bekommen Sie ein Standardmenü mit Salat, Tauben-*pastilla* (gefüllter Kuchen), *tajine* mit Couscous und marokkanisches Gebäck. Nur wenige können mit den echten marokkanischen Gerichten mithalten, die meisten Menüs sind eine teure und unbefriedigende Erfahrung.

Fleischlose Gerichte

Marokkanische Salate sind abwechslungsreich und ein vegetarischer, farbenfroher Genuss. Sie werden normalerweise als Vorspeise serviert und oft als ›small plates‹ übersetzt. Vegetarier haben es nicht leicht in der Stadt. Fragen Sie den Küchenchef, ob die *harira* (würzige Kichererbsensuppe) oder Couscous *au sept légumes* (mit sieben Gemüsesorten) ohne Fleischbrühe zubereitet wurde, was allerdings selten ist. Omelettes und Pizza werden in zahlreichen Cafes und Restaurants angeboten.

Touristenfalle

Der Platz Jemaa El Fna ähnelt durch die täglichen Scharen von Touristen, die hier geschröpft werden, Orten wie dem Markusplatz in Venedig oder dem Time Square in New York. Dennoch ist es ein Erlebnis, in Marrakesch auswärts zu essen, besonders auf dem Nachtmarkt (► 50), auf dem die Preise zudem vernünftig sind. In den Restaurants und Cafés direkt am Platz können Sie schnell viel Geld für ein wenig überzeugendes Essen loswerden. Gehen Sie zu den Essensständen auf dem Nachtmarkt oder folgen Sie den Empfehlungen in diesem Buch, wenn auch Einiges eher für die Augen als für den Magen interessant sein mag.

Highlights der Cafékultur

Café des Épices (► 60)
Café du Livre (► 124)
Grand Café de la Poste (► 125)
Jardin Majorelle Café (► 125)
Musée de Marrakech (► 108)

Romantische Highlights

Le Comptoir (► 124)
Le Palais Jad Mahal (► 125)
Nachtmarkt (► 50, 61)
Bô-Zin (► 124)
Le Relais de Paris (► 62)
Le Tobsil (► 62)

Alkoholische Getränke

Da es sehr wenige Orte in der Medina gibt, wo Sie alkoholische Getränke bekommen, genießen Sie in Ihrem *riad* einen Aperitif auf der Dachterrasse oder einen Schlummertrunk (wenn es eine Alkohollizenz hat). Sie können auch in vielen Restaurants mit Lizenz Alkohol genießen (aber nicht in den Straßenkneipen um den Jemaa El Fna). Bars sind rar.

Abendessen mit Show

Essen und Unterhaltung gehören in Marrakech zusammen. Die Einheimischen kommen auf den Nachtmarkt, um die Spezialitäten zu probieren und dabei das Spektakel der Straßenkünstler zu sehen. Viele typische Touristenrestaurants ahmen diesen Brauch nach, indem sie den Gästen beim Abendessen eine Show präsentieren. Dafür müssen Sie nicht extra zahlen, aber die Gagen sind natürlich im Preis enthalten und Trinkgeld wird gern angenommen. Stellen Sie sich auf Bauchtanz und einheimische Gnawa-Musiker ein, die ihre traditionellen Instrumente für Sie zupfen.

Geldangelegenheiten

- Essen gehen kann in Marrakech leicht genauso teuer werden wie zuhause, besonders wenn Sie Wein, Bier oder andere alkoholische Getränke bestellen. Lassen Sie den Alkohol weg, wenn Sie nicht so viel ausgeben möchten.
- Der Nachtmarkt auf dem Jemaa El Fna hat eine besondere Atmosphäre. Nicht nur, weil es hier mit die besten Gerichte der Stadt gibt, sondern auch, weil sie dazu sehr preiswert sind.
- In Bars und Cafés verdienen die Kellner nur das Trinkgeld (10–15 Prozent).

Marokkanischer Kochkurs

Bei einem eintägigen Kochkurs können Sie die einheimische Kultur und Küche am besten kennen lernen. Normalerweise besuchen Sie gemeinsam einen Gewürzbasar und essen Ihre Kreation am Schluss selbst.

- **Riad Enija** (► 36) Eintägige Kurse, maßgeschneidert auf Ihre Wünsche. Nehmen Sie Kochunterricht in der Küche dieses *riads*. Das Kochbuch *Riad Enija* enthält neben schönen Fotos auch inspirierende Rezepte für Menüs.
- **La Maison Arabe** (► 110) Eintägiger Koch-Workshop im reizenden Garten der außerhalb gelegenen Villa. Kleine Gruppen und jede Menge Anregungen.
- **Souk Cuisine** (► 64) Eintägige Kurse zu moderaten Preisen inklusive Mittagessen mit Wein. Kulinarische Kurse auch am Wochenende.

Die Kreditklemme

Auch wenn ein Restaurant die Symbole internationaler Kreditkarten zeigt: Nehmen Sie für den Fall, dass Ihre Kreditkarte abgelehnt wird, immer etwas Bargeld mit. In Marokko ist Barzahlung beliebt und viele scheuen den Aufwand des bargeldlosen Zahlungsverkehrs. Möglich, dass deshalb die Lesegeräte der Kreditkarten selbst bei seriösen Einrichtungen (auch in Hotels) so häufig defekt sind. Wenn Sie allerdings darauf bestehen mit Kreditkarte zu zahlen und Geduld beweisen, lässt sich das ›Problem‹ manchmal lösen.

Restaurantpreise

Da der Wechselkurs des marrokanischen Dirham (DH) starken Schwankungen unterliegt, sind die Angaben in Euro. Rechnen Sie für eine Person pro Essen ohne Getränke mit:

€ unter 10 Euro   €€ 10–20 Euro   €€€ über 30 Euro

Einkaufen

Marrakesch entwickelte sich aus einem Handelsposten, einem Markt der Wüstenhändler. Diese Rolle hat es in den letzten Jahren auf internationalen Maßstab ausgedehnt. Shoppinggenuss ist die »Hauptsache«. Sie können sich sogar – zu zivilen Preisen – Ihren persönlichen Einkäufer anheuern.

Unendliche Souks

Den schier endlosen Einkaufsmöglichkeiten in den scheinbar unendlichen Souks (Viertel mit konkurrierenden Spezialgeschäften) und dem hartnäckigen Werben der Verkäufer können sich selbst Einkaufsmuffel kaum entziehen. Es ist nicht leicht, dem Kaufrausch zu entkommen, weil hier wirklich jeder etwas findet. In diesem Buch stellen wir für Sie die interessantesten Souks zusammen und weisen Sie auf einzelne lohnende Spezialgeschäfte hin.

Fremdenführer

Im heutigen Marrakech brauchen Sie keinen Fremdenführer mehr, der Sie durch das Gewirr der Souks begleitet. Das strenge Vorgehen der Behörden und die überall anwesende Touristenpolizei in Zivilkleidung gewährleistet Ihnen einen stressfreien Bummel. Wenn Sie dennoch einen Führer engagieren, kostet Sie jeder Einkauf mindestens 30 Prozent Provision.

Neu statt alt

- Die Läden in der Medina sind zwar voller Atmosphäre, aber wenn Sie im Feilschen nicht gerade hart gesotten sind, werden Sie die Festpreise in der Neustadt schätzen.
- Die Souks sind ein Einkaufsparadies mit ihrem unermesslichen, exotischen Warenangebot. Versuchen Sie zu handeln, aber zahlen Sie nur den Preis, den Sie wirklich angemessen finden.
- Guéliz in der Neustadt könnte nicht gegensätzlicher sein. In den hellen kleinen Boutiquen finden Sie moderne Versionen traditioneller Produkte.

Souvenirs

- *Babouches* (traditionelle Pantoffel) sind überall erhältlich und ein typisches Mitbringsel. Die gelben, spitz zulaufenden sind etwas extravaganter. Prüfen Sie zwei wichtige Qualitätsmerkmale: Sie sollten genäht und aus Leder sein, nicht geklebt oder aus Kunststoff.
- Marokkanische Teegläser sind sehr beliebte Mitbringsel. Gute Qualität erkennen Sie daran, dass sie handbemalt statt bedruckt sind. Nehmen Sie nicht die billigsten, sonst geht die Farbe beim ersten Spülen ab.
- Einfaches Olivenöl oder feine, mit Rosenwasser, Jasmin oder Mandelöl aromatisierte Seifen aus Arganöl sind eine tägliche, aromatische Erinnerung an Ihre Reise.

Kunsthandwerk kaufen

- Marrakechs Märkte sind überschwemmt mit kunsthandwerklichen Erzeugnissen. Hier finden Sie jede Art von Schmuck, vom Silberschmuck der Berber bis hin zu bunte, folkloristischen Perlenketten.
- In den stylischsten Hotels der Welt hängen inzwischen die riesigen Windlichter mit Kerzen, die Sie in Marrakech beinahe in jedem *riad* sehen. Wenn Sie eines mitnehmen wollen, packen Sie das Glas gut ein!
- Marrakech ist ein Einkaufsmekka für Lederwaren, egal ob Sie einen Puff (gepolsterte Sitzkissen) oder eine Handtasche aus Kamelleder suchen.
- *Tajine*-Töpfe gibt es überall, aber die dekorativen Modelle sind nur zum Anrichten geeignet. Zum Garen im Ofen kaufen Sie einen aus Ton.

- *Jellabahs* (traditionelle, lange Kaftane mit Kapuze) gibt es aus Wolle für den Winter oder für die Sommerhitze aus Baumwolle. Damit sehen Sie garantiert einheimisch aus.
- Die bonbonfarben gestreiften Löffelgriffe werden von den Touareg, einem Nomadenstamm aus der Sahara, angefertigt.

Feilschen

- Kaufen Sie nicht an den Ständen rund um den Jemaa El Fna ein, denn die vielen Souk-müden Touristen verderben hier die Preise. Sie sind teilweise doppelt so hoch wie an den Ständen ein paar Meter weiter, das Feilschen ist hier viel schwieriger und die Qualität der Ware oft geringer.

Wenn Sie in den Souks einkaufen:

- Lassen Sie sich nicht anmerken, wenn Ihnen etwas gefällt. Überlegen Sie sich, wieviel Sie zahlen wollen, bevor Sie nach dem Preis fragen.
- Bieten Sie weniger als Sie zahlen würden und erhöhen Sie langsam den Preis, ohne sich von den Protesten des Anbieters beeindruckt zu zeigen.
- Wichtigste Regel: Behalten Sie gute Laune. Es ist alles nur ein Spiel.

Öffnungszeiten

Die Souks sind von samstags bis donnerstags von 9 bis 20 Uhr geöffnet und freitags von 12 bis 20 Uhr, aber einige Geschäfte in den Souks sind freitags ganz geschlossen oder nur vormittags geöffnet. Die Händler in der Nähe des Jemaa El Fna haben freitags oft bis Mitternacht geöffnet. Die meisten Läden in der Neustadt sind sonntags ganz und an allen anderen Tagen von 13 bis 15.30 Uhr geschlossen.

Großeinkauf

- Denken Sie an die Frachtkosten, bevor Sie größere Gegenstände kaufen.
- Teppiche müssen nicht einzeln versandt werden, die Geschäfte können sie falten und in einer Transportkiste als Luftfracht versenden.
- Die Suche nach echten Antiquitäten gleicht der berühmten Suche nach der Stecknadel im Heuhaufen. Schnäppchen sind rar und der wahre Wert schwer zu einzuschätzen. Kaufen Sie lieber einfach, was gefällt.

Gezielt shoppen

Die besten Boutiquen
Intensité Nomade (► 126)
Kifkif (► 109)
Michèle Baconnier (► 126)

Das schönste Kunsthandwerk
Mustapha Blaoui (► 109)
Mohamed Bounmentel (► 89)
Ensemble Artisanal (► 56)
Centre Artisanal (► 83)

Innenausstattung und Dekoration
Côté Sud (► 126)
L'Orientaliste (► 126)
Original Design (► 89)
Scènes de Lin (► 126)

Gute Geschäfte im Souk
Akbar Delights (► 63)
Beldi (► 63)
Boutique Bel Hadj (► 63)
Fibule du Sud du Sahara (► 63)

Sprachführer

Basar souk
Das ist teuer Innahoo galee
Das ist genug kafee
Wieviel kostet das? Kam si'ruh hatha?

Haben Sie eine andere Farbe? Lawanan akhar?
Wo ist ein Spiegel? Aynal mir'ah?
geöffnet mahlul
geschlossen mahdud

Ausgehen

Das Nachtleben Marrakechs findet in zwei getrennten Stadtteilen statt. In der alten Medina ist es schwierig, außerhalb der Hotels alkoholische Getränke zu bekommen, da der Alkoholgenuss in Sichtweite einer Moschee untersagt ist. Doch in den europäischen Clubs, die in der Neustadt und jenseits davon liegen, wird gefeiert und getanzt wie in kaum einer anderen internationalen Metropole.

Traditionell

Die größte Anziehung übt der Nachtmarkt auf dem Jemaa El Fna aus. In diesem riesigen Freiluft-Restaurant können Sie köstlichstes marokkanisches Fastfood an den zahlreichen Ständen kaufen. Hier einmal zu essen ist ein Muss auf Ihrer Reise, es macht einfach Spaß. Sobald es dunkel wird, steigen Rauchwölkchen über hunderten von Ständen auf und der Platz füllt sich mit Gauklern und Schlangenbeschwörern, jungen Boxern, Folkloremusikern und Travestietänzern. Lassen Sie sich vom Tanz, den Trommeln und dem Klatschen der Gnawa verzaubern, aber vergessen Sie nicht, ihnen auch einen Obolus abzugeben.

Hell erleuchtet

Sowohl die Koutoubia Moschee als auch die Stadtmauern der Medina sind bei Nacht hell angestrahlt. Spazieren Sie nach Einbruch der Dunkelheit durch die Gärten der Koutoubia, um das geistliche Zentrum Marrakechs im Scheinwerferlicht zu erleben. Die Dämmerung eignet sich hervorragend für eine Kutschfahrt mit einer *calèche*. Der Verkehr hat sich nun beruhigt und die hell angestrahlten Stadtmauern bieten eine romantische Kulisse.

Alles Show

In vielen marokkanischen Restaurants mit Touristenmenüs werden Bauchtanz und Folkloremusik aufgeführt. Das moderne Comptoir (➤ 124) bietet Menüs à-la-carte und eine hervorragende Bauchtanzvorführung.

Ins 21. Jahrhundert

Die Neustadt erfindet sich laufend neu. Sie ist ganz auf die Bedürfnisse der Weltbürger des 21. Jhs. ausgerichtet. In der Medina mag es schwierig sein, ein Bier zu bekommen, in Guéliz und Umgebung ist das überhaupt kein Problem. In diesem nordafrikanischen Las Vegas finden Sie Casinos, Bars, Lokale mit Bauchtanz und Nachtclubs, die bis zum Morgengrauen geöffnet haben.

In La Palmeraie und dem ganzen Umland Marrakechs lassen internationale Unternehmen Palmenhaine und Buschland für riesige Ferienresorts mit Casinos und Nachtclubs roden – dies gehört mit zum Entwicklungsplan des jungen Königs. Er verspricht sich davon Jobs und damit einen steigenden Lebensstandard für seine Untertanen, von denen noch viele Analphabeten sind und unterhalb der Armutsgrenze leben. Hier zeigt sich Marrakesch von seiner modernsten Seite.

Kaffeekultur

Die Cafés der Neustadt bieten viel mehr als nur eine Tasse Cappuccino. In den Cafés schlägt das kulturelle Herz des Viertels, man trifft sich hier um zu sehen und gesehen zu werden, Geschäfte zu machen oder für ein Rendezvous. Sie sind von vormittags bis in die frühen Morgenstunden des Folgetags geöffnet und zu jeder Tageszeit Oasen der Erholung im Trubel Stadt.

Kulturtipps im Taschenformat

Besorgen Sie sich das monatlich erscheinende, kostenlose *Marrakech Pocket* (www.marrakechpocket.com), das in Geschäften und Hotels ausliegt. Es erscheint zwar nur auf Französisch, aber sein Veranstaltungskalender sowie die Informationen zu Bars und sonstiger Unterhaltung sind leicht verständlich.

Feste

- **Februar** Dakka Marrakchia Fest, Marrakech: Das fünftägige Festival folgt einer tausendjährigen Tradition mit polyrhythmischen Trommeln einheimischer Musiker.
- **Mai** Printemps des Alizés, Musikfestival in Essaouira: Vier Tage langes Festival klassischer Musik mit Orchester, Kammermusik und Oper (www.alizesfestival.com).
- **Juni** Festival der Gnawa mit internationalen Musikern, Essaouira: Fünftägiges Musikfestival mit internationaler Musik und Musik der Gnawa (www.festival-gnaoua.net).
- **Juli** Festival National des Arts Populaires, Marrakech: Musiker, Tänzer und Akrobaten aus ganz Marokko finden sich während dieses fünftägigen Festivals in der Stadt zusammen.
- **August** Imilchil Hochzeitsfest, Hoher Atlas: Traditioneller, öffentlich abgehaltener Heiratsmarkt der Berber. Höhepunkt sind die Hochzeiten mit Musik, Tanz und einem bunten Markt.
- **November/Dezember** Internationales Film Festival, Jemaa El Fna, Marrakech: Weltkino mit internationalen Stars und Open-Air Vorführungen (www.festivalmarrakech.net).

Aktivitäten im Freien

Sie können bei Essaouira in den Passatwinden windsurfen (Boulevard Mohamed V, Tel. 024 783 934; www.oceanvagabond.com), auf Kamelen oder mit Geländewagen Ausflüge durch die Sanddünen (Hotel Club Palmariva, Km 6 route de Fès, Tel. 061 246 948; www.dunesdesert.com) unternehmen oder auf den eleganten 18-Loch-Anlagen Marrakechs Golf spielen (► 128, Royal Golf Club, Neustadt). Oder Sie unternehmen einen Ausritt in die Berge, zu den spektakulären Wasserfällen im Ourika Tal (► 142) und hoch zum Jebel Toubkal (► 152), der zum Gipfel des höchsten Berges Nordafrikas (4167m) führt.

Für Kinder

Spezielle Freizeiteinrichtungen für Kinder gibt es in Marrakech kaum, aber Sie haben ein paar Möglichkeiten:

- Kawkab Jeux (1, Rue Imam Chafaï, Kawkab Centre Harti, Guéliz, Tel. 024 43 89 29; www.kawkab-jeux.com) ist ein Zentrum mit Reitangeboten, einem Karussell, einem Raum voller Bälle sowie einem Café mit Leibspeisen von Kindern (Pfannkuchen, Pizza, usw.).
- Oasiria (Km 4 route de Barrage, Tel. 024 38 04 38, täglich 10–18 Uhr, Tageskarte 180 DH, www.oasiriamarrakech.com) ist ein in einem Park gelegenes Erlebnisbad mit Wasserrutschbahnen, riesigem Wellenbad, mehreren Schwimmbecken, Kinderbecken und einem Restaurant.

Für Modefreaks

Marrakech ist verrückt nach Luxus-Strandclubs à la St. Tropez. Tanken Sie tagsüber Ihre Sonne am Swimmingpool, um nachts die Restaurants, Nachtclubs und Chill-out Lounges unsicher zu machen. Nikki Beach (► 127) und La Plage Rouge (► 127) sind sehr angesagt.

Innere Medina

Erste Orientierung

Mit seinem verwinkelten Grundriss ist der zentrale Platz Jemaa El Fna das pulsierende Herz der Medina und die größte Attraktion der Stadt. Er ist so alt wie die Stadt selbst und heute wie eh und je Marktplatz, Theaterbühne und Treffpunkt.

Der Jemaa El Fna (Aussprache: die Buchstaben werden rasch und fließend über die Zunge gerollt) und seine unmittelbare Umgebung sind die Innere Medina. Im Süden reicht sie bis zur Koutoubia Moschee, im Norden verliert sie sich in den Gassen der Souks. Dieses Viertel, in dem die Menschen mit den Tieren auf engem Raum leben und die Marktstände dicht an dicht stehen, ist Tag und Nacht von Besuchern bevölkert.

Seite 43: Farbenfroh lackierte Holztische werden im Chouari Souk der Tischler angeboten

Rechts: Im Färber-Souk trocknet gefärbte Wolle in der Sonne

★ Nicht verpassen!

1. Koutoubia Moschee ➤ 48
2. Nachtmarkt ➤ 50
3. Souks ➤ 52

Nach Lust und Laune!

4. Ensemble Artisanal ➤ 56
5. Grab der Lalla Zohra ➤ 56
6. Jemaa El Fna ➤ 58
7. Place Bab Ftouh ➤ 58
8. Kutschfahrten ➤ 59

Mit der Dämmerung verwandelt sich der Jemaa El Fna in einen lebhaften Nachtmarkt

An einem Tag

Wenn Sie nicht wissen, wo Sie in der Inneren Medina beginnen sollen, finden Sie hier praktische Vorschläge für einen angenehmen Tag, der Sie auch zu einigen der Sehenswürdigkeiten der vorherigen Karte führt. Erklärungen finden Sie bei den Haupteinträgen.

9 Uhr

Beginnen Sie mit einem starken Kaffee im **Café de France** (unten; ➤ 60). Beobachten Sie von einem Platz am Bürgersteig oder auf der Terrasse den Strom der Besucher, die in Richtung Jemaa El Fna unterwegs sind.

10.30 Uhr

Überqueren Sie den **6** **Jemaa El Fna** (➤ 58) in Richtung Place Foucauld. Von hier aus mieten Sie entweder eine Kutsche oder gehen zu Fuß die kurze Strecke hoch zur belebten Avenue Mohamed V. zum **4** **Ensemble Artisanal** (rechts; ➤ 56). Hier werden Souvenirs, Windlichter und Pantoffel zu Festpreisen angeboten. Die Auswahl ist nicht so gut wie im Centre Artisanal, aber Sie sollten eine gute Stunde für Ihren Einkauf einplanen.

11.30 Uhr

Erfrischen Sie sich mit einem Minztee im schlichten Innenhof-Café des Ensemble Artisanal.

12 Uhr

Folgen Sie der Avenue Mohamed V. bergab bis zur ❶ **Koutoubia Moschee** (➤ 48). Dieser wichtige heilige Ort ist für Nicht-Muslime nicht zugänglich, aber ein Spaziergang durch die Parkanlage und zum ❺ **Grab der Lalla Zohra** (➤ 56) lohnt sich. Wenn Sie freitags gegen mittags hierher kommen, werden Sie Zaungast des dichten Gedränges der Gläubigen, die sich hier zum Gebet versammeln.

13 Uhr

Genießen Sie Sie einen leichten Imbiss am Pool der **Snack Bar Imlil** (➤ 62). Eine Reservierung ist in der Regel nicht erforderlich. Nach der staubigen Hitze der Medina können Sie sich im ruhigen Hotel-restaurant abkühlen.

10 Uhr

Gönnen Sie sich eine Entspan-nungsmassage (vorher anmelden!) im stylischen Spa des **Hotel Jardins de la Koutoubia** (➤ 64) und genie-ßen Sie ein Bad im überdachten Pool. Danach sind Sie fit genug für das Getümmel in den Souks.

17 Uhr

Spazieren Sie zurück zum Jemaa El Fna und tauchen Sie in die Welt der ❸ **Souks** (oben; ➤ 52) ein. Hier wird das Shoppen zur Herausfor-derung. Die meisten Stände sind bis 20 oder 21 Uhr geöffnet, rund um den Platz sogar bis Mitternacht. Sie haben also genug Zeit zum Stöbern und Feilschen.

19 Uhr

Suchen Sie sich einen Platz bei den Imbissbuden des ❷ **Nachtmarkts** am Jemaa El Fna (➤ 50) und probieren Sie das köstliche marokkanische Fast-food. Es ist so preiswert, dass Sie durchaus Experimente wagen sollten.

Koutoubia Moschee

Das berühmte Minarett der Koutoubia Moschee aus dem 12. Jh. ragt hoch über den Jemaa El Fna und ist in Marrakech allgegenwärtig. Von hier schallt mehrmals täglich der Ruf zum Gebet, *adhan,* über die Stadt. Bei Nacht wird das Minarett angestrahlt. Es ist spirituelles Wahrzeichen und zugleich Denkmal. Die Moschee, die nur von Muslimen betreten werden darf, ist das religiöse und architektonische Zentrum Marrakechs.

Der hohe quadratische Turm bestimmt die Westansicht des Jemaa El Fna und diente vielen anderen Türmen in Marokko und der ganzen Welt, von Moskau bis Manhattan, als Vorbild. Viele Moscheen ahmen die Proportionen der Koutoubia und architektonische Details wie ihre Zinnen oder Keramikkacheln nach. Der Muezzin erklimmt die sechs Etagen, die miteinander über Rampen verbunden sind, auf seinem Esel.

Über den Turm

Die Proportionen des Turms bilden ein harmonisches Verhältnis von Höhe zu Breite, genau fünf zu eins, und jede seiner Seitenansichten stellt ein anderes kunstvolles Motiv zur Schau.

Die zurückhaltenden Verzierungen passen zur imposanten Architektur und verbinden die schlichte Gestaltung mit großem kunsthandwerklichen Können. Bedauerlicherweise ist der blau-weiße Fries ganz oben kaum sichtbar, doch der Gesamteindruck von Anmut und Kraft, den Muslime mit Allah verbinden, wird deutlich spürbar.

Das Minarett wird von vier, sich nach oben verjüngenden Kupferkugeln gekrönt. Eine Legende erzählt, dass es einst nur drei Kugeln waren, die aber aus Gold waren. Für die vierte Kugel wurde der Schmuck von Yacoub el Mansors Frau eingeschmolzen, weil sie im Ramadan das Fastengebot brach.

Laut und klar

Ganz oben auf dem 69 m hohen Minarett sind Lautsprecher angebracht, die das *adhan* verstärken. Bei den meisten Moscheen wird der Ruf zum Gebet von einer Aufnahme abgespielt, hier aber ruft der Muezzin persönlich fünf Mal täglich die Gläubigen zum Gebet. Außerdem gibt es eine Fahnenstange, deren

EINIGE ZAHLEN

- Das Minarett ist 69 m hoch und hat eine Seitenlänge von 12,8 m. Die Gesamthöhe der Moschee bträgt 77 m.
- Die große Gebetshalle besteht aus 16 Schiffen mit 112 Säulen.
- Die Moschee hat die beachtliche Grundfläche von 5400 m².
- In der großen Gebetshalle finden 25 000 Gläubige Platz.

Links und unten: Das schöne Mauerwerk der Moschee ist auf jeder Seite unterschiedlich

Spitze nach Mekka zeigt. Früher wurde zur Gebetsstunde eine Fahne gehisst, was auch heute noch gemacht wird, wenn die Lautsprecher ausfallen.

Vergangenheit und Gegenwart

Die Koutoubia Moschee verdankt ihren Namen den Buchhändlern (*koutoubia*), die ab dem 7. Jahrhundert religiöse Schriften im benachbarten Souk verkauften. Die Fundamente des ursprünglichen Gemäuers, das um 1150 von den Almohaden errichtet wurde, kann man durch Gitter neben der heutigen Moschee

erkennen. Die ursprüngliche Moschee war angeblich nicht exakt gen Mekka ausgerichtet und wurde daher abgerissen.

Die Gärten der Koutoubia laden zu einem Spaziergang um die Moschee ein (▶ 131). Eisverkäufer machen hier ein gutes Geschäft. Die Einheimischen verweilen gerne auf den schattigen Bänken inmitten von Rosen, Orangenbäumen und Vogelgezwitscher.

KLEINE PAUSE

Genießen Sie im Café de Koutoubia (▶ 60) auf der anderen Seite der Av. Mohamed V. ein Getränk mit Blick auf die Moschee.

✚ 164 A1 ✉ Avenue Bab Jedid ⊘ Kein Zutritt für Nicht-Muslime

KOUTOUBIA MOSCHEE: INSIDER-INFO

Top-Tipp: Gehen Sie zur Gebetsstunde zur Moschee, um den Menschenandrang zu erleben. Sie hören den *adhan* zehn Minuten vor Gebetsbeginn, fünfmal täglich zwischen Morgen- und Abenddämmerung. Die genaue Zeit verschiebt sich jeden Tag.

Geheimtipp: Wenden Sie sich unter dem Rundbogen vor der Moschee nach links und fotografieren Sie Ecke des Turms mit der Palme.

Außerdem: Die wunderschöne, dekorative *minbar* (gestufte Kanzel) der Koutoubia Moschee können Sie im Palais El Badii besichtigen (▶ 73).

Nachtmarkt

Essen Sie unter tausend Sternen und mit tausend Anderen im Kreis von Wahrsagern und Schlangenbeschwörern in einem der größten Freiluftrestaurants der Welt. Sobald die Sonne hinter die Koutoubia Moschee versinkt und die Dämmerung beginnt, gehen die Gaslaternen an und der Rauch von über 100 Grills schwängert die Luft auf dem Jemaa El Fna (▶ 58). Vor dieser mittelalterlichen Bühne füllen sich die Seitenränge mit kämpfenden Boxern und tanzenden Transvestiten.

Jeder Marrakech-Besucher sollte wenigstens ein Mal auf dem Nachtmarkt essen. Die Qualität der gekochten oder gegrillten Gerichte ist frisch und unbedenklich. Probieren Sie verschiedene der sehr preiswerten Angebote. Hier finden Sie bestes marokkanisches Fastfood: Zeigen Sie auf das, was Sie wollen und im Nu wird ein köstliches Gericht vor Ihnen stehen.

Ein Scherz

Manche locken mit einem scherzhaften »Starvin' like Marvin?« oder »Fish and chips?« Vielleicht finden Sie die marktschreierischen Standbesitzer aufdringlich, aber keine Sorge, die Polizisten in Zivil sorgen für Zurückhaltung. »Willkommen in meinem klimatisierten Restaurant mit fünf Sternen« ist als Scherz gemeint, aber diese Garküchen bieten tatsächlich einzigartige marokkanische Gerichte an.

Der Nachtmarkt ist ideal, um echte marokkanische Küche zu kleinen Preisen kennen zu lernen

Freiluftfest und Spaß

Einige Stände haben Speisekarten auf Englisch oder Französisch, andere spezialisieren sich auf ein einziges Gericht wie hart gekochte Eier oder Schnecken. Beginnen Sie mit Brot und einem pikanten Tomaten-Dip. Probieren Sie Kebab mit saftigem Fleisch und Gemüse, gemischte Salate, scharfe Würstchen und die hervorragenden Pommes frites. Spülen Sie mit einem frisch gepressten Orangensaft oder mit grünem Gunpowder-Tee nach. Alkohol wird auf diesem Markt in Sichtweite der Moschee allerdings nicht ausgeschenkt.

Jeden Abend präsentieren sich hier vor den Augen neugieriger Touristen Kunst und Kultur. Die beste Aussicht (aber nicht das beste Essen) haben Sie von den gut besuchten Dachterrassen-Cafés ringsum. Wenn Sie einen Sitzplatz ergattert haben, lassen Sie sich vom Spektakel der Wahrsager, der knallbunt gekleideten Wasserverkäufer, die ihre Kupfertassen schwenken und von den Heilern – die auch Zähne ziehen – in ihren Bann ziehen.

KLEINE PAUSE

Genießen Sie die Atmosphäre nach dem Essen bei einer Tasse Minztee im nahe gelegenen Les Terrasses de l'Alhambra oder im Café Glacier (➤ 58).

✚ 164 B1　✉ Jemaa El Fna　🕐 tägl. 18 Uhr bis Mitternacht　✋ frei

NACHTMARKT: INSIDER-INFO

Top-Tipps: Einige Stände begrüßen die Gäste mit einem Teller Oliven und Brot, der allerdings in Rechnung gestellt wird. Wenn Sie dies nicht möchten, lassen Sie den Teller sofort zurückgehen.
- Vergessen Sie nicht, dem Kellner Trinkgeld zu geben, am besten so, dass der Standinhaber es nicht sieht, der es sonst für sich reklamieren wird.
- Insgesamt sind es über 100 nummerierte Stände. Merken Sie sich die Nummer, wenn es Ihnen besonders gut geschmeckt hat für den Fall, dass Sie wieder kommen wollen.

Geheimtipp: Genau wie in den Souks gibt es hier viele Stände, die Ähnliches verkaufen. Daher versucht jeder, die anderen zu übertreffen und es wird viel gescherzt. Bevor Sie die Nase rümpfen, überlegen Sie, wie schwer es umgekehrt für Sie wäre, einen Witz auf Arabisch zu machen. Teil des Vergnügens auf dem Nachtmarkt ist auch eine Portion Humor.

3 Souks

Im engen, dunklen Gassengewirr der Basars bzw. Souks (traditionelle Märkte) führt jeder Eingang in eine Schatzkammer voller bunter, exotischer Geheimnisse. Egal, ob Sie etwas kaufen möchten oder einfach nur die mittelalterliche Atmosphäre dieses Markts erleben wollen, Sie kommen im Gedränge zwischen den Ständen nördlich des Jemaa El Fna garantiert auf Ihre Kosten.

Souks findet man überall in Marokko, aber die von Marrakech sind landesweit die größten. Die Souks sind das Lebenselixier Marrakechs – einer Stadt, die aus einem Handelsposten in der Wüste entstand (▶ 11). In den Anfängen trafen sich hier Afrikaner von jenseits der Sahara und Spanier, die über das Mittelmeer kamen um mit Gold, Elfenbein, Leder und Metallwaren zu handeln. Bahnen Sie sich einen Weg zwischen den Eselkarren und Mopeds durch die verstopften Straßen. Hier finden sie auf wenigen Metern dicht gedrängt mehrere hundert winzige Geschäfte, eines wie das andere nicht größer als ein begehbarer Schrank.

Früher versorgte sich hier die einheimische Kundschaft aus der Stadt und ganz Marokko mit Waren des täglichen Bedarfs.

Oben: Berge von getrockneten Kräutern und Gewürzen im Souk Talaa

Unten: Typisches Bild im Souk Teintures

Verschnörkelte Schmiedearbeiten im Souk Haddadine

Der Tourismus hat aber mittlerweile das Gesicht der Souks verändert. Die Händler tauschen ihr traditionelles Sortiment zunehmend zugunsten überteuerter Souvenirs aus. Direkt am Jemaa El Fna ist die Qualität der angebotenen Ware daher meist zweifelhaft.

Spezialisierte Souks

Ein guter Ausgangspunkt ist die Hauptverbindung von Süd nach Nord, die Rue Souk Semarine, die an der Nordseite des Jemaa El Fna beginnt. Diese Durchgangsstraße ist mit Ständen gesäumt, die die typischen Touristenware wie *babouches* (die traditionellen Pantoffeln), bemalte Teegläser und bunt gefärbte Lederpuffs anbieten.

In allen Seitenstraßen gruppieren sich die verschiedensten historischen Spezialgeschäfte. Im Zentrum die *kissarias*, ein Netz winziger überdachter Ladenstraßen, in denen Textilien, unter anderem wunderschön bestickte Kleider, verkauft werden. Nördlich liegen die Gewürzstände neben Werkstätten von Tischlern und Schmieden.

Es gibt noch Souks, die ihre traditionelle Ware verkaufen, z. B. Gewürze, Körbe oder Lederwaren, aber die meisten bieten inzwischen ein einheitliches Sortiment verschiedener Artikel an. Eine willkommene Ausnahme ist das Souk des Teintures (Färber-Souk), leicht zu erkennen an den bunten Wollbüscheln und Stoffen, die zum Trocknen aufgehängt werden. Die Farben sind zum Teil Naturprodukte (Safran für Orange, Kurkuma für Gelb) es werden aber auch Farbstoffe verwendet wie sie die Gerbereien benutzen (➤ 102).

SKLAVENARBEIT

Die Sklaverei wurde in Marokko zu Beginn der französischen Kolonialzeit 1912 offiziell abgeschafft. Tatsächlich aber gibt es noch heute Sklavenarbeit im Umkreis von Marrakech und in anderen Landesteilen, besonders Kinderarbeit ist weit verbreitet. Kaufen Sie nichts von Kindern und geben Sie bettelnden Kindern kein Geld. Die meisten werden von ihren Eltern statt in die Schule zum »Arbeiten« geschickt. Auf dem Berbermarkt La Criée Berbère werden heute – erfreulicherweise! – nur noch Teppiche verkauft, früher wurden hier aus dem Sudan Verschleppte als Sklaven angeboten.

HEIMREISE

Vermeiden Sie schwere, sperrige oder zerbrechliche Mitbringsel. Sonst zahlen Sie Gebühren für Übergepäck, oder Sie finden zuhause nur noch Scherben Ihrer marokkanischen Teegläser und Windlichter vor.

Möglich, dass Sie für den Transport extra einen neuen Koffer kaufen und sich mit dem zusätzlichen Gewicht nachhause quälen, nur um dann vor Ort oder im Internet einen ganz ähnlichen Artikel zu finden. Zügeln Sie Ihren Kaufrausch und investieren Sie lieber etwas Zeit in eine kleine Recherche vorab.

Orientierung

Im Gewirr der winzigen Gässchen mit den immergleichen Waren und ohne Orientierungspunkte ist es fast unmöglich, sich nicht zu verlaufen. Machen Sie sich keine Sorgen, wenn Sie die Orientierung verlieren: das Souk-Viertel ist ziemlich klar abgegrenzt. Wenn Sie sich wirklich verirrt haben, wenden Sie sich nicht an die jungen Schnorrer auf der Straße, sondern fragen Sie die stets hilfsbereiten Ladenbesitzer. Und kaufen Sie, wenn Ihnen etwas gefällt. Glauben Sie nicht, dass Sie dasselbe Geschäft wieder finden.

Strategisches Verhandeln

Für reine Window-Shopper sind die Souks eine Mutprobe, doch niemand kann Sie zwingen, etwas zu kaufen. Schauen Sie sich in Ruhe um und lassen Sie sich nicht anmerken, was Ihnen am besten gefällt, das verdirbt den Preis. Nennen Sie anfangs höchstens ein Drittel des Preises, den Sie zahlen würden. Die Regeln sind mit einer Auktion vergleichbar: Bieten Sie nicht, wenn Sie nicht kaufen wollen. Studieren Sie das Preisniveau in den staatlichen Warenhäusern Centre Artisanal (► 83) oder Ensemble Artisanal (► 56), wo feste Preise gelten. Das Wichtigste ist, dass Sie Ihren Humor behalten. Nehmen Sie einen Minztee an und lernen Sie von den besten Händlern der Welt.

Rechte Seite: Lampen in einem Geschäft in der Nähe des Töpfer-Souks

Unten: Bunte Gläser mit Pigmenten im Souk Talaa

KLEINE PAUSE

Im reizenden Café des Épices (► 60) können Sie einen Minztee und einen einfachen, hausgemachten Snack bekommen oder Sie legen eine Atempause im Café Bouganville (► 107) ein.

🕂 164 C2 ✉ Innere Medina
☎ kein Telefon 🕐 Sa–Do 9–20, Fr 12–20 Uhr, die Stände um den Jemaa El Fna sind bis Mitternacht geöffnet

DIE SOUKS: INSIDER-INFO

Top-Tipps: Viele Stände in den Souks nehmen Kreditkarten an. Wenn Ihnen das Bargeld ausgeht, finden Sie am Place des Épices neben dem Café des Épices einen Bankautomat.

■ Da die Regierung streng gegen aufdringliche Verkäufer vorgeht, brauchen Sie keinen Führer, der zudem für jeden Einkauf 30 Prozent Provision kassiert.

Nach Lust und Laune!

❹ Ensemble Artisanal

In diesem von der Regierung betriebenem Zentrum für Kunsthandwerk können Sie die Handwerker bei der Arbeit beobachten und sich anhand der hier geltenden Festpreise auf Ihre späteren Verhandlungen in den Souks vorbereiten. Das Ambiente wirkt zwar etwas heruntergekommen und nicht so schick und gut sortiert wie im vergleichbaren Centre Artisanal (➤ 83), aber es liegt zentral und ist mit seinem Innenhof und Café weniger beengend. Hier zahlen Sie für größere Artikel etwa ein Drittel mehr als an den Marktständen, aber Sie ersparen sich das zähe Feilschen. Kleinere Gegenstände sind preislich vergleichbar, aber qualitativ besser als in den Souks, wo Sie aufpassen müssen, dass man Ihnen keine Plastikpantoffel als echtes Leder verkauft. Shoppingexperten verschaffen sich hier einen Preisüberblick, bevor sie Ihre Geschäfte in den Souks angehen.

Andere bevorzugen die gelassene Atmosphäre gegenüber dem quirligen Soukbetrieb. In dieser marokkanischen Version einer Mini-Mall flanieren Sie auf zwei Ebenen von Geschäft zu Geschäft. Machen Sie einen Bogen um gelangweilte Verkäufer und Ladenbesitzer, die keine Preise aushängen.
✚ 164 A1 ✉ Avenue Mohamed V ☎ 024 38 68 76 ⓒ Mo–Sa 8.30–19 Uhr

❺ Grab der Lalla Zohra

Im Schatten der Koutoubia Moschee (➤ 48) befindet sich die *koubba* der Lalla Zohra, ein bescheidenes, mit Zinnen geschmücktes Mausoleum mit einer Kuppel. Die Tochter eines religiösen Führers des 17. Jhs. wurde als Heilige verehrt. Der Legende nach soll sie sich nachts in eine weiße Taube verwandelt haben. Man glaubte, dass sie die Fruchtbarkeit förderte und Kinder beschützte. Fenster und Eingang des Mausoleums wurden vor langer Zeit verschlossen, es ist

Handwerker beim filigranen Schnitzen von Kacheln

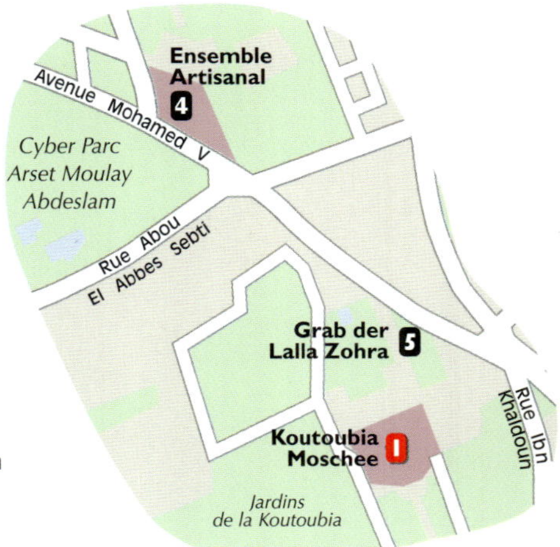

Lalla Zohra war die Tochter eines religiösen Führers im 17. Jh., ihr Grab liegt neben der Koutoubia Moschee

nicht zugänglich. Das strahlend weiß gestrichene Grabmal mit seinen Zinnen und der schlichten Kuppel, liegt vor der hoch aufragenden Koutoubia Moschee. Angesichts des ständigen dröhnenden Verkehrs auf der Avenue Mohamed V kann man es leicht übersehen. 164 A1 Avenue Mohamed V, vor der Koutoubia Moschee nicht öffentlich zugänglich

6 Jemaa El Fna

Der Jemaa El Fna, auch einfach
»la place« genannt, sprudelt von
Leben, zumindest sobald die Sonne
den Zenit überschritten hat und
die Hitze langsam nachlässt. Neben
Schlangenbeschwörern, Akrobaten,
Zahndoktoren, Wasserverkäufern
und Tänzern treffen Sie sogar noch
die aussterbende Zunft der Märchen-
erzähler. Gegen eine Gebühr be-
schwören sie die dramatischen Geschichten aus Tausend und einer
Nacht für junge Zuhörer herauf,
andere bevorzugen religiöse Themen.
Schade, dass das Fernsehen diese
mündlich überlieferte Kunst so
schnell verdrängt. Diese authentische
Unterhaltung ist kein Touristen-
köder, der Großteil der gebannten
Zuhörer ist marokkanisch. Für die
ganze Veranstaltung und für die
Aufnahmen, die Sie machen, wird
selbstverständlich ein kleiner Obolus
erwartet.

Die Unesco hat den Jemaa El Fna
in die Liste der »Meisterwerke des
mündlichen und immateriellen Erbes
der Menschheit« aufgenommen.
Der Platz wurde zur Fußgängerzone
erklärt, um das Fortbestehen dieses
improvisierten Kulturraumes zu ge-
währleisten. Hier stolpern Sie über
dösende Esel, Mopeds und schla-
fende Schlangen.

Zu jeder Tages- und Nachtzeit
können Sie auf dem Jemaa El Fna
frisch gepressten Orangensaft genießen. An die 50 Saftverkäufer
konkurrieren um das Geschäft,
indem sie ihre Standnummer aus-
rufen. Die Orangen sind preiswert,
saftig und werden direkt vor Ihren
Augen gepresst. Wählen Sie einen
der freundlichen Standbesitzer, aber
achten Sie auf klare Preisangaben.
In der Dämmerung entfaltet sich
auf dem Nachtmarkt (➤ 50) ein
buntes Treiben tausender hungriger
Besucher.

✚ 164 C1

7 Place Bab Ftouh

Auf dem kleinen Platz Bab Ftouh
zwischen dem Jemaa El Fna und
den Souks, konkurrieren die Tee-

verkäufer in kleinen aber feinen
Boutiquen um ihre Aufmerksamkeit.
Ein Winkel in der südlichen Ecke
des Platzes gehört den Olivenhänd-
lern, die schwarze und grüne Pyra-
miden auftürmen. Am nordwest-
lichen Ende des Platzes liegt der
Souk Fondouk Ouarzazi. Einst über-
querten Kaufleute aus Timbuktu
und dem Sudan die Sahara, um in
den Souks von Marrakech mit Seide,
Gewürze und Sklaven zu handeln.

DACHTERRASSEN-CAFÉS

Café Argana €€

Das Essen ist höchstens mittelmäßig
und der Service nachlässig, aber es
lohnt sich trotzdem wegen des Blicks
von der dritten Etage über den Nachtmarkt. Einen Platz mit Aussicht be-
kommt nur, wer etwas isst.
✚ 164 C1 ✉ Jemaa El Fna
☎ kein Telefon ⏰ tägl. ab 12 Uhr bis
Mitternacht

Café Glacier €–€€

Die Dachterrasse dieses Cafés bietet
wohl die beste Aussicht auf den
Nachtmarkt. Dafür sind die Drehtür
am Eingang, der obligatorische Drink
und das Gedränge der kamerabe-
waffneten Touristen ernüchternd.
Kommen Sie besser tagsüber hierher.
✚ 164 C1 ✉ Hotel CTM, Jemaa El Fna
☎ 024 42 23 25 ⏰ tägl. 8 Uhr bis
Mitternacht

Les Terrasses de'Alhambra €–€€

Obwohl Sie keine Aussicht auf das
Zentrum des Nachtmarkts haben, ist
die Dachterrasse dieses Café-Restau-
rants ein reizender, luftiger Ort mit
einem schönen Blick auf den Platz.
✚ 164 C1 ✉ Jemaa El Fna
☎ 024 42 75 70 ⏰ tägl. 8-23 Uhr

Café de France €–€€

Die beiden oberen Terrassen des Café
de France sind weniger überlaufen
als die des nahe gelegenen Café
Argana oder des Café Glacier mit
Ausblick auf den Nachtmarkt.
✚ 164 C1 ✉ Jemaa El Fna
⏰ tägl. 8 Uhr bis Mitternacht

Sie schliefen in den oberen Etagen der *fondouks* (Herbergen), im Innenhof waren ihre Pferde untergebracht. Einige *fondouks* sind über 500 Jahre alt und fallen buchstäblich auseinander, andere, wie das Quarzazi, wurden zu einer Art marokkanischer Luxus-Mini-Mall umgebaut und verkaufen Antiquitäten.

➕ 164 B1 ✉ Place Bab Ftouh
🕐 Die meisten Stände sind von 9 Uhr bis Mitternacht geöffnet und freitags vormittags geschlossen

8 Kutschfahrten

Eine Rundfahrt mit einem Pferdegespann für bis zu fünf Personen oder eine Fahrt zu einem festen Ziel wie dem Jardin Majorelle (➤ 116) kann sehr unterhaltsam sein. Allerdings stört tagsüber der dichte Verkehr das beschauliche Vergnügen etwas. Sie sollten sich für eine Fahrt am Abend entscheiden. Die Regierung schreibt zwar feste Stundentarife vor, aber kaum ein Kutscher hält sich daran. Handeln Sie den Preis vor der Fahrt aus.

➕ 164 B1 ✉ Place Foucauld
🕐 tägl. 8 Uhr bis Mitternacht

Eine Kutschfahrt ist eine unterhaltsame Art, die Stadt zu sehen

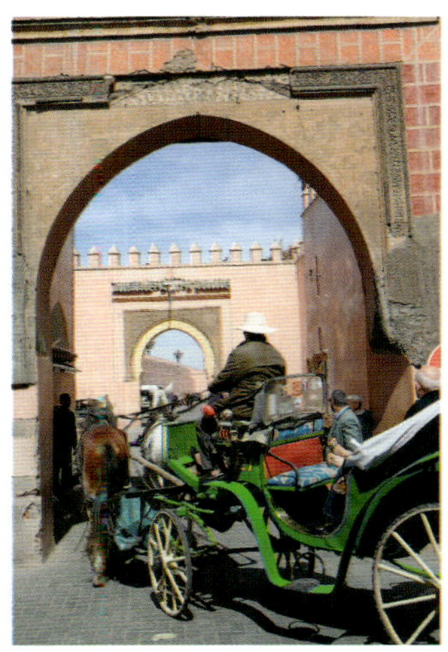

FÜR KINDER

Kutschfahrten
Größere Kinder dürfen mit auf den Kutschbock.

Märchen erleben
Kinder sind auf dem Jemaa El Fna genauso hypnotisiert wie die Schlangen. Besuchen Sie bei Dämmerung die Gnawa, deren Tanz, Trommeln und Händeklatschen alle mitreißt (Spende nicht vergessen!).

Leckeres Eis
Erfrischende Eiscreme und Sorbets mit einer Auswahl von ca. 40 Geschmacksrichtungen zum Mitnehmen oder hier essen bei Ice Legend.
➕ 164 C1 ✉ 52, Avenue Bab Agnaou, Jemaa El Fna ☎ 024 44 42 00

Gesunde Alternative
Trinken Sie einen wirklich frisch gepressten Orangensaft unter dem schattigen Baldachin der bunten Wagen auf dem Jemaa El Fna. Sie sind alle gleich gut – kaufen Sie da, wo die Verkäufer am freundlichsten lächeln.

Wohin zum …
Essen und Trinken?

Preise
Die Preise gelten pro Person für ein Essen ohne Getränke (➤ 38):
€ unter 10 Euro   €€ 10–20 Euro   €€€ über 30 Euro

Café Argana €€

Hierher kommt man wegen der Aussicht, nicht wegen der Küche. Allerdings bekommen Sie nure einen guten Platz mit Blick auf den Hauptteil des Platzes auf der Dachterrasse nur, wenn Sie auch etwas bestellen. Nehmen Sie einen einfachen Salat bzw. Pommes Frites oder eine *tajine*, wenn Sie richtigen Hunger haben. Wegen seiner bevorzugten Lage am Platz ist dieser Ort bei den Einheimischen und Touristen beliebt, aber der Service lässt zu wünschen übrig.
✚ 164 B1   ✉ Jemaa El Fna
☎ 024 44 53 50   ⊗ tägl. 12 Uhr bis Mitternacht, Zeiten können erheblich abweichen

Café de France €–€€

Die abgewetzten Rattanstühle, die vergilbten Wände und die behäbigen Kellner verleihen diesem Café einen kolonialen Touch. An der ebenerdigen Terrasse beginnt unmittelbar das Gedränge des Jemaa El Fna. Trotz der guten Aussicht ist das halbherzig klimatisierte Restaurant nicht die erste Wahl.
✚ 164 C1   ✉ Jemaa El Fna   ☎ kein Telefon
⊗ tägl. von 8 Uhr bis Mitternacht

Café de Koutoubia €

Die Rattanstühle auf dem Gehweg sind stets voller Touristen und einheimischr Kaffeetrinker. Ein beliebter Ort, um sich direkt an der lärmenden Avenue Mohamed V. mit Blick auf die Koutoubia Moschee unters Volk zu mischen.
✚ 164 B1   ✉ Ecke Rue Fatima Zohra und Avenue Mohamed V.   ☎ kein Telefon
⊗ tägl. von 7–23 Uhr

Café des Épices €–€€

Dieses reizende, freundliche kleine Café ist einer der wenigen Oasen der Ruhe in den Souks. Von drei Etagen aus haben Sie Blick auf den Platz mit seinen Gewürz- und Strohhut-Verkäufern. Bestellen Sie Minztee, Salat oder ein Sandwich. An den blutroten Wänden ist eine Wechselausstellung zu bewundern. Hier trifft sich eine spannende und interessante Mischung aus Touristen und Wahl-Marokkanern.
✚ 164 C2   ✉ 75, Rahba Lakdima
☎ 024 39 17 70; www.cafedesepices.net
⊗ tägl. 10–23 Uhr

Café Glacier €€€

Kommen Sie tagsüber auf die Dachterrasse, die abends mit Touristen überfüllt ist. Die Drehtür am Eingang und die Preise für das obligatorische Getränk sind nicht besonders einladend. Aber die Aussicht auf das emsige Treiben nach Einbruch der Dunkelheit ist herrlich.
✚ 164 C1   ✉ Hotel CTM, Jemaa El Fna
☎ 024 42 23 25   ⊗ tägl. 8 Uhr bis Mitternacht

Chez Bahia €

Diese kleine marokkanische Garküche tischt Ihnen herzhafte *tajine*-Eintöpfe, brodelnde Suppen und bunte Salate auf. Viele Einheimische kommen hierher. Das Lokal ist völlig unprätentiös. Die Karte ist begrenzt, aber die Küche hat eine verlässlich gute Qualität. Nur ein paar Meter abseits des Jemaa El Fna gelegen, stellt dieses Lokal mit freundlichem Service eine exzellente Ausweichmöglichkeit vom Touristenrubel dar.
✚ 164 C1   ✉ 206, Rue Riad Zitoun El Kédim
☎ kein Telefon   ⊗ tägl. 11–20 Uhr

Chez Chegrouni €

An dieser einfachen Küche, die Kebab, Pommes frites, Salat und

Suppen verkauft, ist nichts auszusetzen. Kürzlich renoviert, aber immer noch geschmackvoll mit Mosaiken und einer geschnitzten Holzveranda ausgestattet, wurden früher die Bestellungen auf eine Serviette geschrieben. Kommen Sie hierher, wenn Sie genug vom Getümmel des Nachtmarkts haben, aber noch die Atmosphäre der Peripherie genießen möchten.

✚ 164 C1 ✉ Jemaa El Fna
☎ 024 65 47 46 ◷ tägl. 7–23 Uhr

Club Med La Medina €€€

Dieser exklusive Club mit überwiegend französischer Klientel ist gegenüber externen Gästen durchaus offen, was die Atmosphäre belebt. Es gibt ein sehr gutes Mittagsessen und ein abwechslungsreiches Buffet, einmal mit Meeresfrüchten, ein anderes Mal marokkanische oder internationale Küche von zuverlässig hoher Qualität. Da viele Gäste Vollpension gebucht haben, ist eine Reservierung im Restaurant und für den Zugang zum Hotelpark unbedingt erforderlich.

✚ 164 B1 ✉ Jemaa El Fna
☎ 024 44 40 16; www.clubmed.co.uk
◷ tägl. 13–15, 20–21.30 Uhr

Dar Essalam €€

Im Dar Essalam gibt es fünf Salons, im Salon K'dim aus dem 17. Jh. wurden Szenen von Alfred Hitchcocks *Der Mann, der zuviel wusste* gedreht. Das Gebäude ist hier die Hauptattraktion, nicht das eher bescheidene Menü aus Tauben-*pastilla*, *tajine* und Gebäck.

✚ 168 C3 ✉ 170, Rue Riad Zitoun El Kedim
☎ 024 44 35 20; www.daressalam.com
◷ tägl. 12.30–15, 20 Uhr bis Mitternacht

Ensemble Artisanal Café €

Dieses kleine Innenhof-Café im Einkaufszentrum Ensemble Artisanal bietet sich für eine Verschnaufpause vom Shoppen an. Hier können Sie einen Minztee, einen Kaffee, oder sogar eine marokkanische Suppe oder *tajine* bestellen, bevor sie weiter einkaufen gehen. Sie können auch einfach ein Sandwich oder marokkanisches Gebäck auf die Hand nehmen.

✚ 164 A1 ✉ Avenue Mohamed V
☎ 024 38 68 76 ◷ Mo–Sa 10–18 Uhr

Les Jardins de Bala €€

Dies ist eines der fünf Restaurants auf der obersten Terrasse des Hotel Les Jardins de la Koutoubia. Mit Schwerpunkt auf indischen und asiatischen Wok-Gerichten und Tapas hat die Küche durchaus einen internationalen Anspruch. Der aufmerksame Service und der Blick auf die Moschee runden den Eindruck ab. Mittags empfehlen wir Ihnen einen leckeren Snack im Schatten eines Sonnenschirms, abends ein richtiges Gericht im klimatisierten Lokal.

✚ 164 B1 ✉ 26, Rue El Koutoubia
☎ 024 38 88 00;
www.lesjardinsdelakoutoubia.com
◷ tägl. 12–15.30, 19.30 Uhr bis Mitternacht

Narwama €€

Nehmen Sie einen Cocktail in der plüschigen Lounge während ein DJ für musikalische Unterhaltung sorgt. Als Zugeständnis an die Lage bietet die Küche einige marokkanische Gerichte, aber auch Pasta und Kebab und vor allem ziemlich gute thailändische Gerichte, die in der Karte je nach Schärfe sehr hilfreich mit ein bis drei Chilis markiert sind. Das Lokal ist nur zu Fuß durch eine sehr enge Gasse erreichbar.

✚ 164 B1 ✉ 30, Rue El Koutoubia
☎ 024 44 08 44 ◷ tägl. 7–23 Uhr

Nachtmarkt €

An den Ständen des Nachtmarkts (► 50) finden Sie eine riesige Auswahl an köstlichen und frisch zubereiteten Speisen. Scharfe Würstchen, Fisch mit Pommes frites, kross gebratener Tintenfisch, saftigen Kebab mit gemischtem Salat – alles wird mit Brot und scharfen Dips serviert. Einige Stände haben Speisekarten auf Englisch und

Französisch oder sind spezialisiert auf ein einziges Gericht wie hart gekochte Eier oder Schnecken. Der Rauch der über 100 Grillstände schwängert jeden Abend die Luft am Platz. Bestellen Sie zuerst eine Vorspeise, z. B. Schnecken, und wählen Sie danach als Hauptgang *meze*, eine Mischung vieler kleiner Speisen. Als gesunden Nachtisch können Sie sich eine Tüte getrocknete Aprikosen oder Nüsse von den pyramidenförmigen Bergen an der Nordseite des Markts holen.

✚ 164 B1 ✉ Jemaa El Fna ☎ kein Telefon ◷ tägl. ab der Dämmerung bis Mitternacht

Patisserie des Princes €

Das im Schaufenster dieser einladenden, hellen Konditorei ausgelegte Gebäck lässt einem das Wasser im Mund zusammen laufen. Sie können sowohl marokkanisches als auch französisches Backwerk wie Crêpes, Pain au chocolat und Croissants hier essen oder mitnehmen.

✚ 164 C1 ✉ 32, rue de Bab Agnaou ☎ kein Telefon ◷ tägl. 8–23 Uhr

Pizzeria Venezia €€

Die Pasta, Pizza und die Salate, die dieses Lokal zu bieten hat sind ausgezeichnet, allerdings hat es wegen seiner Nähe zur Koutoubia Moschee keine Alkohollizenz. Die Aussicht von der luftigen Terrasse ist bei Sonnenuntergang besonders schön. Wenn Sie kleinere Kinder haben, liegen Sie hier goldrichtig.

✚ 164 A1 ✉ 279, Avenue Mohamed V ☎ 024 44 00 81 ◷ tägl. 12–15 Uhr, 18.30–23.30 Uhr

Portofino Ristorante Pizzeria €€

Gäste aus dem Westen und betuchte Marokkaner lieben dieses schummrige italienische Restaurant, das einer Pizza-Kette ähnelt. Zum Standard gehören Pizza, Pasta und Salate, es werden aber auch Fleisch- und Fischgerichte angeboten.

✚ 164 A1 ✉ 279, Avenue Mohamed V ☎ 024 39 16 65; www.portofinomarrakech.com ◷ tägl. 12–23 Uhr

Le Relais de Paris €€

Dieses ruhige Restaurant mit großem Pool gehört zu den eleganten Adressen im Hotel Les Jardins de la Koutoubia, das Publikum ist wohlhabend und gepflegt. Kotelett mit hausgemachten Pommes frites und gegrillte Entenbrust sind die Highlights der französisch geprägten Küche.

✚ 164 B1 ✉ 26, Rue El Koutoubia ☎ 024 38 88 00; www.lesjardinsdelakoutoubia.com ◷ 12–15.30, 19.30 Uhr–Mitternacht

Restaurant Marrakchi €€€

In diesem zweigeschossigen Lokal mit schönem Blick auf den Jemaa El Fna zu essen, ist sehr beeindruckend, wenn auch recht touristisch. Gute Weine und marokkanische Spezialitäten werden Ihnen bei Kerzenlicht und dezenter marokkanischer Musik serviert.

✚ 164 C1 ✉ 52, Rue des Banques ☎ 024 44 33 77; www.lemarrakchi.com ◷ tägl. 12–1 Uhr

Snack Bar Imlil €€

Entspannen Sie bei einem leichten französischen oder internationalen Menü am Pool. Die Snack Bar Imlil ist eine gute Alternative zum sehr guten, aber auch etwas steifen Restaurant im Hotel Les Jardins de la Koutoubia. Es gibt hervorragende Salate, Steaks und köstliche Eiscreme und Sorbets.

✚ 168 B4 ✉ 26, Rue El Koutoubia ☎ 024 38 88 00; www.lesjardinsdelakoutoubia.com ◷ tägl. 12–16 Uhr

Les Terrasses de l'Alhambra €€

Die Karte dieses Restaurants besteht aus einfachen Salaten, traditionellen marokkanischen Gerichten und Pizza mit herrlich dünnem Teig. Im Angebot sind auch Eiscreme und Sorbets, sogar in Kinderportionen. Das Lokal hat drei Etagen, von denen die luftige Dachterrasse an heißen Tagen die besten Plätze bietet.

✚ 164 B1 ✉ Jemaa El Fna ☎ 024 42 75 70 ◷ tägl. 8–23 Uhr

Wohin zum …
Einkaufen?

In der Inneren Medina drängen sich die Souks und Geschäfte. Kaufen Sie aber nicht direkt an den Ständen rings um den Jemaa El Fna. Im Inneren der Souks finden Sie bessere Angebote und echten Einkaufsspaß. Wenn Sie vom Gedränge und Feilschen genug haben, können Sie sich im Ensemble Artisanal (► 56) nach Waren mit Festpreisen umschauen oder in den nachfolgend genannten Mini-Boutiquen stöbern.

Das **Akbar Delights** (45, Place Bab Ftouh, Tel. 071 66 13 07, Di–So 9.30–13, 15.30–19 Uhr) ist ein winziger Laden, in dem Sie edel bestickte Pantoffeln und asiatische Textilien bekommen. Der Laden könnte ebenso gut in den Champs-Élysées sein. **Beldi** (9–11 Rue Mouassine, Bab Ftouh, Tel. 024 44 10 76, tägl. 9–21 Uhr) ist eine ähnliche, in der Nähe gelegene Edel-Boutique an den Pforten der Souks mit exquisitem Angebot. Hier können Sie sich von zwei Brüdern modische Kleidung aus beliebigen Stoffen maßschneidern lassen.

Im obersten Stockwerk des Souk Fondouk Ouarzazi finden Sie die **Boutique Bel Hadj** (OG 22–23 Souk Fondouk Ouarzazi, Tel. 024 44 12 58, tägl. 9–20 Uhr). Bari, der Besitzer, hütet eine Schatztruhe mit vielen handgearbeiteten Schmuckstücken aus China, Nepal und von der Elfenbeinküste. Erwarten Sie keine Schnäppchen.

Ebenfalls in den oberen Etagen dieses *fondouk* ist das **Fibule le Sud de Sahara** (27, Souk Fondouk Ouarzazi, Tel. 070 96 52 73, tägl. 9–20 Uhr). Der lächelnde Eigentümer dieses kleinen Ladens ist Touareg und stammesgemäß in einen hellblauen Kaftan und Turban gekleidet. Er ist auf wunderschönen Schmuck der Berber und Touareg spezialisiert.

Im **Couleurs Orientales** (233, Rue Riad Zitoun El Jedid, tägl. 9–13, 15–19.30 Uhr) finden Sie abgefahrene Schuhe und Haushaltswaren, farbenfrohe Textilien in guter Qualität und zu festen Preisen.

Authentische feuerfeste *tajines* aus Ton gibt es bei **Herman** (3, Rue Moulay Ismail, keine Telefon, tägl. 9–21 Uhr), direkt neben dem Platz. Die dekorativen Keramikversionen sind nur zum Servieren geeignet.

The Music Shop (B84, Rue Riad Zitoun El Jedid, kein Telefon, Sa–Do 8–20, Fr 13–20 Uhr) bietet Folkloreinstrumente aller Art, wie Handtrommeln, Tamburins usw.

In einem kleinen Winkel in der Nähe des Jemaa El Fna liegt der **Souk Ableuh** (Place Bab Ftouh, tägl. 9–20 Uhr), die Stände hier sind auf Oliven jeder Farbe und Geschmacksrichtung spezialisiert. Kosten Sie grüne Oliven mit Chili oder dicke schwarze mit Zitrone.

Nehmen Sie einen bunten Teppich aus dem Atlas mit nach Hause: **Chez Les Nomades** (32–34, Bradia El Kedima, Mouassine, Tel. 024 44 22 59; www.chezlesnomades.com, tägl. 8–20 Uhr), beim Kauf erhalten Sie eine Einführung in die Teppichkultur der Nomaden.

In der Fair-trade Boutique, **Al Kawtar** (Rue Laksour 57, Tel. 024 37 82 93; www.alkawtar.org, Mo–Fr 10–17 Uhr, freitags vormittags geschlossen) können Sie schöne Heimtextilien und Kleidung zu fixen Preisen kaufen. Es werden ausschließlich Naturfasern verarbeitet, alle Teile sind von Hand bestickt oder umhäkelt und werden auch auf Bestellung angefertigt.

Wohin zum … Ausgehen?

Sobald Sie in Sichtweite einer Moschee sind, gilt striktes Alkoholverbot. Viele Touristen, die gerne ein Bier zum Essen getrunken hätten, haben dieses Gebot schon verwünscht, aber die religiösen Sitten und Gebräuche sind unbedingt zu respektieren. Wir listen hier einige abseits gelegene Lokale auf, in denen Ihnen alkoholische Getränke serviert werden.

Café Arabe

Eines der wenigen Cafés der Inneren Medina, in denen Sie alkoholische Getränke bekommen. Aber es gibt in diesem italienisch geführten Betrieb auch hervorragenden Cappuccino und feines Gebäck. Ein kultivierter Ort, an dem eine Lounge Bar/Restaurant mit Kerzenlicht, Musik und italienischmarokkanischem Essen lockt.

164 B2 · 184, Rue Mouassine · 024 42 97 28; www.cafearabe.com · tägl. 10 Uhr–Mitternacht

Grand Tazi Hotel

In der Nähe des Jemaa El Fna gibt es nur hier preiswertes Bier. Sehr einfach und Anlaufstelle von Rucksacktouristen, aber es gibt immerhin Stühle und die Stimmung ist gelöst.

164 B1 · Ecke Avenue El Mouahidine und Rue de Bab Agnaou · 024 44 27 87 · tägl. 7–23 Uhr

Kssour Agafay

Kein Zweifel, hier entwickelt sich ein Club erster Klasse für das exklusive Marrakech, das den Reichen und Schönen oder Besuchern die über Beziehungen verfügen zugänglich ist. Ein selbsternanntes »kulturelles und internationales Kunstzentrum von Weltrang« strebt hier auf den Markt. Das Kssour Agafay Town und Country Club, ein Hotel mit Spa außerhalb der Innenstadt, werden von denselben Inhabern geführt.

164 B1 · 52, Sabet Graoua · 024 42 70 00; www.kssouragafay.com · tägl. 12 Uhr–Mitternacht

Piano Bar Ouarzazi

In der dezenten Piano-Bar dieses Luxushotels serviert man Ihnen in wenig marokkanischer, aber angenehmer Stimmung ordentliche Cocktails.

164 B1 · 26, Rue El Koutoubia · 024 38 88 00; www.lesjardinsdelakoutoubia.com · tägl. 6 Uhr bis Mitternacht

Souk Cuisine

Dieser sehr empfehlenswerte Kochkurs führt über den »Geschmack« in die hiesige Kultur ein. Gemeinsam besorgen Sie die Zutaten auf dem Markt, um dann im Haus traditionelle Gerichte zuzubereiten. Der äußerst angemessene Preis für einen Tageskurs beinhaltet ein Mittagessen mit Wein. Für engagierte Hobbyköche gibt es auch kulinarische Lehrgänge die eine ganze Woche dauern.

164 C2 · Zniquat Rahba, 5 Derb Tahtah · 073 80 49 55; www.soukcuisine.com · Kurse: tägl. 10–16 Uhr, Abendkurse auf Anfrage

Les Jardins De La Koutoubia

Den herrlichen, von Bäumen und Vogelgezwitscher umgebenen Pool darf jeder benutzen, der in einem der Hotelrestaurants isst. Noch besser ist ein Besuch im Spa (Reservierung erforderlich) mit einer entspannenden Massage.

164 B1 · 26, Rue El Koutoubia · 024 38 88 00; www.lesjardinsdelakoutoubia.com · Hotel: tägl. 24 Stunden, die Öffnungszeiten der Restaurants sind unterschiedlich (► 61, 62)

Südliche Medina

Erste Orientierung

Die Südliche Medina besteht im Wesentlichen aus der Kasbah, dem Palast-Viertel, und zwei prunkvollen königlichen Mausoleen. Da die königliche Familie die Jardins de L'Agdal heute noch nutzt, sind sie nicht immer für die Öffentlichkeit zugänglich. Weitere Sehenswürdigkeiten sind die historische Mellah, das ehemalige jüdische Viertel, das Einkaufsmekka Centre Artisanal und das prächtige Hotel La Mamounia.

Der neue Palast von König Mohammed VI. (nichtöffentlich) liegt ebenfalls in diesem Teil der Medina. Er wurde als kleinere Version des alten Palastes erbaut.

Alle Sehenswürdigkeiten der Südlichen Medina sind vom Jemaa El Fna zu Fuß erreichbar, wenn es nicht zu heiß ist. Wenn Sie mit dem Taxi fahren, nehmen Sie die preiswerteren vom Rand des Jemaa El Fna, nicht direkt vom Platz. Es bietet sich auch eine kurze Kutschfahrt an.

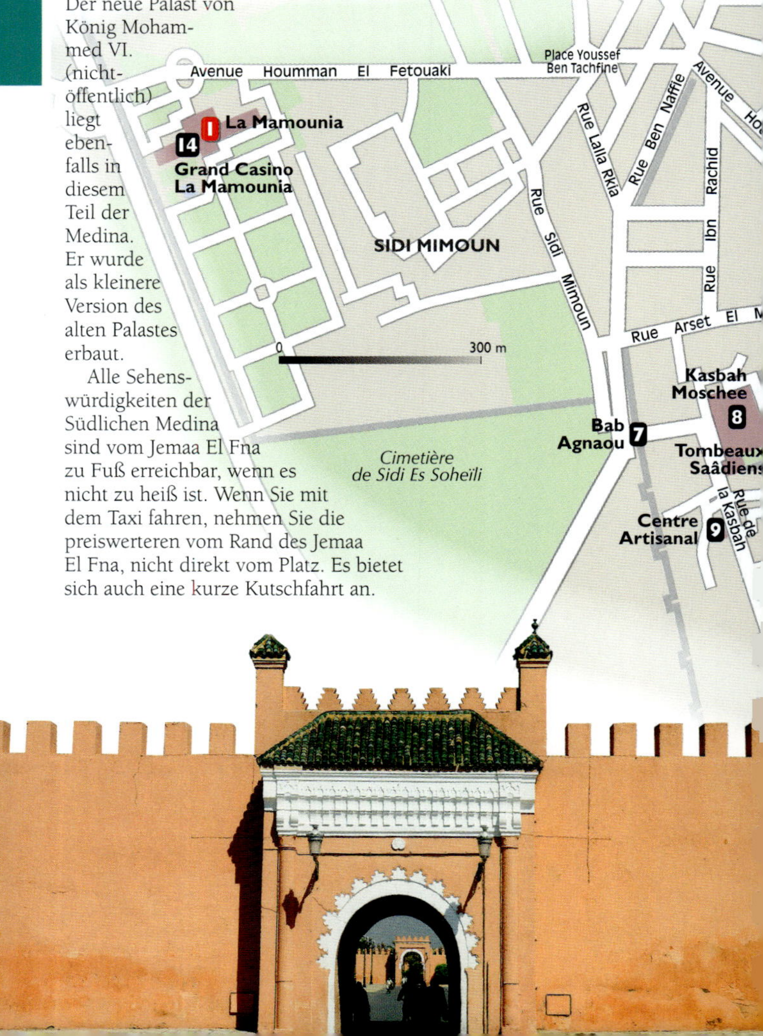

★ Nicht verpassen!

1 La Mamounia ➤ 70
2 Tombeaux Saâdiens ➤ 71
3 Palais El Badii ➤ 73
4 Jardins de l'Agdal ➤ 76
5 Mellah ➤ 78
6 Palais de la Bahia ➤ 80

Nach Lust und Laune!

7 Bab Agnaou ➤ 82
8 Kasbah Moschee ➤ 82
9 Centre Artisanal ➤ 83
10 Place des Ferblantiers ➤ 83
11 Palais Royal (Königlicher Palast) ➤ 84
12 Maison Tiskiwin ➤ 84
13 Dar Si Saïd ➤ 85
14 Grand Casino La Mamounia ➤ 85

Seite 65:
Detail einer
nach Berber-
art bemalten
Tür des Palais
des Bahia

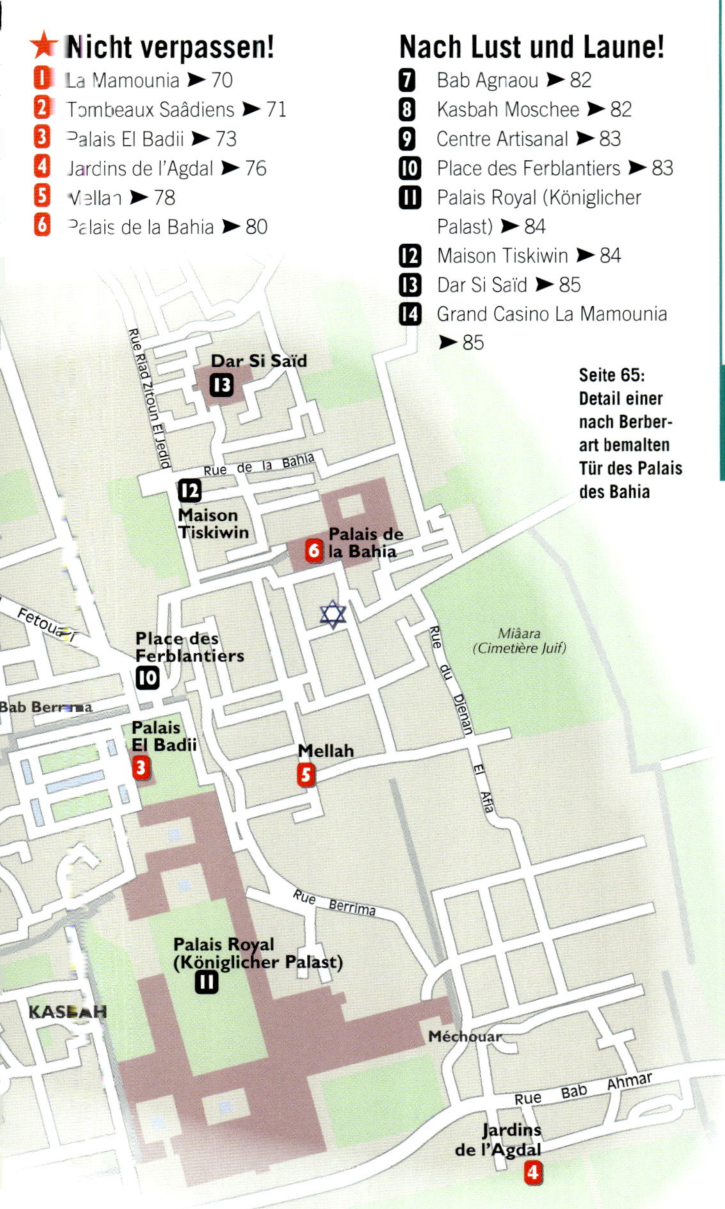

Links: Eingangstor zum zentralen
Innenhof des Palais El Badii

An einem Tag

Wenn Sie sich nicht entscheiden können, wo Sie in der Südlichen Medina anfangen sollen, finden Sie hier praktische Vorschläge für einen angenehmen Tag, der Sie auch zu einigen der Sehenswürdigkeiten der vorherigen Karte führt. Erklärungen finden Sie bei den Haupteinträgen.

10 Uhr

Beginnen Sie am alten Stadttor **7 Bab Agnaou** (links, ➤ 82), dem Haupteingang zur Kasbah. Bewundern Sie in Ruhe die detailreichen Ornamente dieses über 800 Jahre alten und schönsten Stadttors der Stadt. Sie passieren die **8 Kasbah Moschee** (➤ 82), die nur für Muslime zugänglich ist.

10.45 Uhr

Besichtigen Sie die **2 Tombeaux Saâdiens** (rechts, ➤ 71). Die Grabstätte wird von 11.45 bis 14.30 Uhr geschlossen. Nehmen Sie sich eine Stunde Zeit für diese aufregende Sehenswürdigkeit. Die Grabanlage selbst ist nicht sehr groß, aber gut besucht. Vor dem gesonderten Eingang zu den Mausoleen bildet sich meist eine Warteschlange.

11.45 Uhr

Während der Mittagshitze ist die beste Zeit zum Shoppen in dem angenehm kühlen **9** **Centre Artisanal** (➤ 83). Hier finden Sie jede Menge Souvenirs und marokkanische Accessoires, oder Sie studieren nur die hier geltenden Festpreise als Orientierung für Ihren späteren Einkauf in den Souks.

12.45 Uhr

Gönnen Sie sich eine wohlverdiente Pause mit einem Mittagessen am Pool des ruhigen und noblen **La Sultana Hotel** (➤ 87, 90). Lassen Sie sich unten im Spa einen Termin für eine Massage im edlen Hamam geben.

14.15 Uhr

Spazieren Sie rechtzeitig zum nahe gelegenen **3** **Palais El Badii** (➤ 73), der um 14.30 Uhr wieder öffnet, um den größten Besucherandrang zu vermeiden. Kaufen Sie eine Eintrittskarte inklusive Besichtigung des beeindruckenden *minbars* (gestufte Kanzel). Nehmen Sie Sonnenschutz und etwas zu trinken mit, denn innerhalb der Anlage ist es mitunter heiß und stickig.

15.30 Uhr

Den benachbarten **11** **Palais Royal** (➤ 84) kann man zwar nicht besichtigen, hinter seinen gewaltigen Mauern liegen jedoch die königlichen Gärten, **4** **Jardins de l'Agdal** (➤ 76), die Sie sich nicht entgehen lassen dürfen. Sie sind nur freitags und sonntags geöffnet, wenn der König nicht anwesend ist. Flanieren Sie eine Stunde durch die ruhigen Anlagen mit den kühlenden Seen und Obstbäumen.

16.30 Uhr

Spazieren Sie weiter, durch die Straßen der **5** **Mellah** (➤ 78), dem jüdischen Viertel, bis Sie den **6** **Palais de la Bahia** (rechts, ➤ 80) erreichen. Da der Palast um 18 Uhr schließt, lässt der Besucherandrang ab 17 Uhr langsam nach, sodass Sie relativ ungestört die faszinierende Geschichte und Architektur dieses Ortes, der einst einen Harem beherbergte, studieren können.

❿ La Mamounia

In diesem legendären Art-déco-Hotel und seinem beeindrucken-den, über 300 Jahre alten Garten lebt die Geschichte. Es wird unter den weltberühmten Hotels im gleichen Atemzug mit dem Raffles Hotel in Singapur oder dem Ritz in Paris genannt und versetzt einen in die Blütezeit Marrakechs.

Erstmals öffnete es 1923 seine Pforten, seither wurde es immer wieder erweitert und renoviert. Im Juli 2006 wurde es für umfangreiche Renovierungen geschlossen. Der auf die Restaurierung historischer Hotels spezialisierte Pariser Innenarchitekt Jacques Garcia wurde mit der Gestaltung beauftragt. Die für Ende 2007 geplante Wiedereröffnung musste auf Frühling 2009 verschoben werden. Gerüchte kursieren, wonach die Entwürfe zur Renovierung dieses historischen Denkmals eine nicht enden wollende Diskussion ausgelöst hätten. Das legendäre Casino im Hotel (► 85) und sein neuer Fitnessbereich sind inzwischen wieder geöffnet.

Adelige, Politiker und Prominente haben im La Mamounia logiert und diniert

Im La Mamounia residierte schon Sir Winston Churchill, wenn er zum Malen nach Marrakech kam. Eine Suite und die Piano Bar sind nach ihm benannt. In einem Brief an den amerikanischen Präsidenten Franklin D. Roosevelt bezeichnete er es als den »bezauberndsten Ort der Welt«. Hier befinden Sie sich in bester Gesellschaft: Prominente und Adelige logieren hier regelmäßig, ein Teil des Hotels ist in königlichem Besitz.

KLEINE PAUSE

Bestellen Sie einem Imbiss in der Snack Bar oder ein Mittagessen in einem der Restaurants des Hotels.

✚ 168 A3 ✉ Avenue Bab Jedid
☎ 024 38 86 00; www.mamounia.com

LA MAMOUNIA: INSIDER-INFO

Top-Tipps: Schnuppern Sie in den Bars oder Restaurants die Atmosphäre des historischen La Mamounia, oder fordern Sie Ihr Glück im prachtvollen alten Casino heraus.
■ Die Türsteher achten streng auf die Einhaltung der Kleiderordnung: keine Shorts, Jeans oder Sportkleidung.

Geheimtipp: Der Garten wird täglich von 40 Gärtnern gepflegt. Die Aussicht von den Balkonen auf das Atlasgebirge ist atemberaubend.

2 Tombeaux Saâdiens (Saaditengräber)

Anfang des 18. Jahrhunderts befahl Sultan Mulai Ismail die Vernichtung aller Zeugnisse saadischer Kultur. Auch der Palais El Badii (➤ 73) fiel der Zerstörung zum Opfer. Doch anstatt alles restlos zu vernichten, ließ er die Gräber der früheren Herrscher hinter einer hohen Mauer verschwinden. Unglaublich aber wahr: Die Gräber blieben 200 Jahre bis zu ihrer Wiederentdeckung im Jahr 1917 unberührt.

Die Halle der zwölf Säulen – letzte Ruhestätte des Saadischen Sultans El Mansour

Ahmed El Mansour (»Der Goldene«) ließ die Gräber im Stil des Palais El Badii erbauen. Er war der erste Sultan der Saaditen, der hier 1603 beerdigt wurde. Sein Geschlecht herrschte in Marrakesch von 1524 bis 1659. An seiner Seite wurden über 60 Personen seines Gefolges, Kinder und Prinzessinnen bestattet.

Die Fundstätten

Ursprünglich lag der Eingang zu den Gräbern in der benachbarten Moschee, doch inzwischen gibt es einen zusätzlichen Eingang für Touristen. Wenn Sie dem gewundenen Gang folgen, kommen Sie sich wie der Entdecker der Grabkammer vor.

Je nach Besucherandrang brauchen Sie eine halbe bis eine Stunde, um alles zu sehen.

Zuerst gelangen Sie zum ehemaligen Gebetsraum. Zweckentfremdet enthält er nun die Sarkophage einiger Saaditen-Prinzessinnen. Es fogt die Halle der zwölf Säulen – die größte des Mausoleums. Sie beeindruckt mit geschnitzten Türen aus Zedernholz, kühlem weißen Marmor aus Italien und einer riesigen gewölbten Decke. Hier liegen Ahmed El Mansour und seine Familie begraben. Die Grabstätten wurden auf älteren errichtet, in denen die Mutter El Mansours und der enthauptete Leichnam von Mohammed esh Sheikh, dem Gründer der Saadischen Dynastie begraben sind. Etwas abseits zwischen wilden Rosen, Malven und Aprikosenbäumen finden Sie die mit gemusterten Kacheln, *zellij*, geschmückten Gräber weniger bedeutender Verstorbener.

KLEINE PAUSE

Neben dem Mausoleum der Sultane am anderen Ende der kurzen Gasse liegt das luxuriöse Hotel La Sultana (➤ 87). Eine Reservierung ist hier unbedingt erforderlich, aber für das Mittagessen am charmanten Pool lohnt sich die Mühe.

Kachelmuster in einer der Grabkammern

✠ 168 C2
✉ Rue de la Kasbah
☎ 024 38 80 08
⊕ tägl. 8.30–11.45, 14.30–17.45 Uhr
✋ preiswert

TOMBEAUX SAÂDIENS (SAADITENGRÄBER): INSIDER-INFO

Top-Tipps: Rechnen Sie mit Wartezeiten. Die Grabanlage ist klein und ein sehr beliebtes Touristenziel. Kommen Sie morgens früh oder kurz bevor geschlossen wird.

Verbinden Sie die Besichtigung der königlichen Gräber mit einem Besuch im La Sultana (➤ 87), Les Bains de Marrakech (➤ 90) oder im Centre Artisanal (➤ 83).

■ Wenn Sie eine kostenlose Führung vor Ort mitmachen, denken Sie auf jeden Fall daran, Trinkgeld zu geben.

■ Machen Sie eine kleine Pause im von Katzen behausten Garten und genießen Sie die Blumen und Obstbäume.

Geheimtipp: Auf den Gräbern finden Sie Koranzitate, wie: »Die Seele kennt den Tod.« oder »Der Tod findet dich überall, selbst in einem Wehrturm.«

Außerdem Die Architektur des Palais El Badii (➤ rechts) ist ein herausragendes Beispiel aus dem goldenen Zeitalter der saadischen Herrschaft.

③ Palais El Badii

Einst glänzte dieser außergewöhnliche Palast, den der saadische Sultan Ahmed El Mansour (1578–1603) erbaute, von Gold, Onyx und Marmor. Der Zeitgenosse der englischen Königin Elisabeth I. wollte damit seinem Sieg über die Portugiesen in der Schlacht von Alcazarquivir ein Denkmal setzen. Es dauerte 25 Jahre, den Bau zu vollenden und der spätere Moulai Ismail (1672–1727) brauchte beinahe 12 Jahre, um ihn zu plündern.

Die Ruinen des großartigen Palasts aus dem 16. Jh.

El Mansour scheute keine Kosten, um einen »unvergleichlichen« Palast zu schaffen. Heute beherbergen seine Ruinen das mittelalterliche Meisterstück *minbar*, die gestufte Kanzel aus der Koutoubia Moschee. Das Torhaus ist längst zerstört, durch eine Öffnung in der drei Etagen hohen, staubig rosa Mauer gelangt man in einen leeren Innenhof mit einem heute trocken gelegten Wasserbecken.

Der gewaltige Palastkomplex war einst von hochrangigen Beamten, Dichtern und Festgästen bevölkert, heute empfängt die Besucher Vogelgezwitscher und eine einzige Palme. An den einst goldbedeckten, heute nackten Wänden finden sich noch vereinzelt Reste der früheren Stuckarbeiten und *zellij*-Kacheln. Das kühlende Wasserbecken bildete früher eine Oase inmitten von Senkgärten, die mit Rosen, Orangenbäumen und hohen Palmen bepflanzt waren.

Vogelperspektive

Der Turm an der Nordostseite ist der einzige, bei dem die Treppe noch erhalten ist. Sie führt auf eine Terrasse, auf der

Störche und Spatzen ihre Wachposten bezogen haben. Eine Skizze zeigt die ursprüngliche Anlage mit dem Kristallpavillon des Sultans, den Wasserbecken und Salons, von denen heute nur noch Ruinen stehen. Der Pavillon für die Audienzen war einst mit einer Pyramide gekrönt und besaß ebenfalls Wasserbecken.

Ein Kunstwerk

Die leuchtenden Bougainvillea weisen Ihnen den Eingang zum *minbar* der Koutoubia. Diese Kanzel aus Holz ist eines der schönsten Meisterwerke islamischer Schnitzkunst weltweit. Die über 1000 Ornamente, von denen sich keines wiederholt, sind mit Intarsien versehen und außergewöhnlich aufwändig. Sie erkennen Frösche, Eidechsen, Sterne und Koranverse, die auf Allah als Herrscher über Himmel und Erde hinweisen. Eine der Inschriften ermöglicht es, das Alter des *minbar* auf das Jahr 1139 zu datieren.

PALAIS EL BADII IN ZAHLEN
- Einst zierten 50 Säulen die Pavillons
- Der Palast hatte 360 Zimmer
- Der Hauptpavillon ist ganze 130m lang – so lang wie ein Fußballfeld.

Das *minbar* wurde im spanischen Cordoba gefertigt und nach Marokko verschifft. Die kunstfertigen Handwerker brauchten acht Jahre zu seiner Vollendung. Es ist nicht nur ein dekoratives Meisterstück, sondern auch technisch sehr anspruchsvoll gestaltet: Ein ausgeklügelter, unsichtbarer Mechanismus ermöglicht es dem *imam* (Priester), zum Freitagsgebet wie auf einer himmlischen Empore vorzufahren. Den Rest der Woche wurde die Kanzel in einem Schrank aufbewahrt! Früher wurde sie in der Koutoubia Moschee (➤ 48) benutzt und war bis 1962 ständig im Einsatz.

Zuletzt war die Kanzel völlig verstaubt und drohte umzukippen. Fachleute des Metropolitan Museum in New York und des marokkanischen Kultusministeriums machten sich ans Werk und verliehen ihr den ursprünglichen Glanz zurück.

Links: Der Senkgarten und der zentrale Innenhof des Palasts

Unten: Eingang zur Koubba El Hamsinniya im Palais El Badii

Mit Leitern und Gerüsten wurde sie zunächst in die richtige vertikale Position gebracht, um dann mit Leim und Zwingen fixiert zu werden. Anschließend wurde sie mit feinen Bürsten gereinigt sowie zwei Stufen und einer der Koranverse erneuert. Nach der aufwändigen Restaurierung brachte man sie in den Palais El Badii.

KLEINE PAUSE

Das Dachrestaurant der nahe gelegenen Kosybar (➤ 86) ist mit seiner Aussicht ideal für eine Erfrischung.

✚ 168 C2 ✉ beim Place des Ferblantiers ☏ kein Telefon ⏱ tägl. 8.30–11.45, 14.30–17.45 Uhr ✋ mittel (Fragen Sie nach einem Kombiticket, mit dem man das *minbar* besichtigen kann)

PALAIS EL BADII: INSIDER-INFO

Top-Tipps: Kaufen Sie gleich am Haupteingang ein Kombiticket für das *minbar*, es ist innen nicht erhältlich.

■ Hier wird es tagsüber extrem heiß, kommen Sie deshalb früh morgens.

Nicht verpassen! Die Aussicht von der Terrasse.

Außerdem Einst Ort für außergewöhnliche königliche Empfänge, ist der Palast nun zwei Mal jährlich Schauplatz kultureller Veranstaltungen. Im Juli finden hier während des Festival National des Arts Populaires Musikaufführungen und folkloristische Tanzveranstaltungen statt. Am Ende des Jahres lockt das Internationale Filmfestival von Marrakech (www.festivalmarrakech.info) Fans des arabischen Kinos und internationale Stars an.

Jardins de l'Agdal

Der ehemaligen Gärten des Sultans wurden im 12. Jh. angelegt. Die Gartenanlage ist die älteste Marrakechs und sogar 200 Jahre älter als die berühmten Gärten der Alhambra in Spanien. Sie wurden als kühle Oasen in der Wüste geplant, in denen Orangen-, Aprikosen-, Granatapfel-, Feigen- und Olivenbäume angenehmen Schatten spendeten.

Das Wort *agdal* bedeutet »von Mauern umgebene Wiese« und leitet sich von der Berbersitte ab, nahe am Haus eingezäunte Weiden anzulegen. Die Jardins de l'Agdal greifen diese Idee auf. Buchstäblich an der Hintertür des Palastes anschließend und über den *mechouar* (Paradeplatz) zugänglich, erstrecken sich die Gärten über drei Quadratkilometer. Sobald man die Tore durchschritten hat, entfaltet sich eine beschauliche, fast ländliche Atmosphäre. Da der König sie weiterhin nutzt, sind sie für die Öffentlichkeit nicht zugänglich, wenn er sich in der Stadt aufhält.

Die ursprüngliche Anlage mit dem riesigen künstlichen Teich stammt noch aus der Zeit der Almohaden, aber über die Jahre wurde Vieles verändert. Die Saaditen erweiterten das Grundstück mehrmals. Seine heutige Form und die hohen *pisé*-Mauern (aus Lehm und Geröll), die es umgeben, stammen aus dem 19. Jh.

Unweit der Mitte des Parks liegt der Sahraj El Hana, das »Wasserbecken der Gesundheit«, Marrakechs größter Wasserspeicher. Auf der Wasseroberfläche spiegelt sich der ausgeblichene Sommerpavillon *menzeh* aus der Zeit der Saaditen.

Die Jardins de l'Agdal sind eine riesige Parkanlage mit Oliven-, Orangen- und Grantapfelbäumen

Von seinem Dach aus haben Sie eine wunderbare Aussicht bis zum Atlasgebirge. Obwohl einige Kinder es trotzdem tun: Das Baden in dem mit Algen belasteten Teich ist verboten.

Die Wüste bewässern

Die künstlichen Seen wurden über ein Netz ausgeklügelter, unterirdischer Wasserwege, *khettara*, mit Wasser aus dem 30 km entfernten Ourika Tal gespeist. Im 19. Jh. feierten die Sultane hier extravagante Bootspartys, bis einer der Gastgeber Schiffbruch erlitt und im Teich ertrank. Der Kahn, der kenterte, wird in einem Schuppen am Teich aufbewahrt – fragen Sie einen der Aufseher, ob Sie einen Blick darauf werfen dürfen.

Besucher füttern Karpfen im Sahraj El Hana, den Teich im Zentrum des königlichen Parks

Die Gartengestaltung

Die Jardins de l'Agdal bestehen eigentlich aus mehreren miteinander verbundene Gärten und sind ideal für einen ausgiebigen Spaziergang. Wenn Sie im Schatten der Alleen spazieren und die Wasserbecken durch die Bäume schimmern, fühlen sie sich wie in einem Weinberg oder einem Obstgarten voll duftender Aprikosen und Orangen. Dieser Park ist zwar artenreicher als der Jardin Ménara (► 120), entspricht allerdings ganz und gar nicht unseren gewohnten Vorstellungen eines Parks. Mancher ausländische Besucher erkennt nur formloses Gestrüpp. Nach Blumen werden Sie vergeblich Ausschau halten. Erfreuen Sie sich am Spiel von Licht und Schatten der Feigen-, Oliven- und Zitronenbäume.

KLEINE PAUSE

Hier kann es sehr heiß werden. Treten Sie in die Fußstapfen der Sultane und genießen Sie ein Picknick im Freien.

✚ 169 E1 ☎ bei der Rue Bab Ahmar, Eingang über einen Weg vom Méchouar Intérior ◷ Fr und So 8–17.30 Uhr; geschlossen, wenn der König im Palast residiert ✋ frei

JARDINS DE L'AGDAL: INSIDER-INFO

Top-Tipps: Die Gärten sind nur freitags und sonntags geöffnet, und auch dann nicht, wenn der König – gewöhnlich im Winter – hier residiert.
- Nehmen Sie ein Taxi vom Rand des Jemaa El Fna, anstatt in der Hitze hierher zu laufen. Gehen können Sie in diesem Park noch genug.
- Planen Sie ein oder zwei Stunden für Ihren Spaziergang. Hier finden Sie keine besonderen Sehenswürdigkeiten. Lassen Sie einfach den Lärm der Stadt hinter sich und Ihren Gedanken freien Lauf.

Außerdem Der Jardin Ménara (► 120), nicht weit außerhalb der Stadt, ähnelt den Jardins l'Agdal mit seinen Obstbäumen, Wasserbecken und Pavillons sehr.

5 Mellah

Die Mellah, das alte jüdische Viertel, war einst die größte jüdische Enklave in der arabischen Welt. Heute leben nur noch wenige jüdische Familien in dem überwiegend muslimischen Viertel. Doch die in Marrakech wohnenden Juden besuchen nach wie vor regelmäßig die Synagogen.

Blick auf den jüdischen Friedhof in der Mellah

Mellahs waren separierte jüdische Wohngebiete, die in ganz Marokko üblich waren. Sie wurden ab 1438 errichtet, um die Juden, bei denen es sich überwiegend um Flüchtlinge aus Spanien und Portugal handelte, von den Gemeinden der andersgläubigen Marokkaner zu trennen. Gleichzeitig konnte man die Geschäfte der jüdischen Gemeinde so überwachen und besteuern. Es waren autonome Stadtbezirke mit hohen Mauern und bewachten Toren.

Rund ein Jahrhundert später, um 1558, wurde in Marrakech die Mellah auf dem Gelände der königlichen Ställe errichtet und nach weiteren hundert Jahren hatte auch Meknes, das vorübergehend Hauptstadt war, ein jüdisches Viertel. Das Verhältnis zwischen jüdischer und muslimischer Bevölkerung war gespalten. Juden durften bis zur Kolonialisierung durch die Franzosen weder Land noch Immobilien besitzen, aber sie waren erfolgreiche Bankkaufleute, Schneider, Vermittler im Handel mit Christen, und sogar Berater des Königs.

Ursprünglich sollten die Mellahs das Nebeneinander der Religionen vereinfachen, doch mit der Zeit entwickelten sie sich zu Gettos. Anfangs wurden noch schöne, große Häuser gebaut, doch die jüdische Bevölkerung verarmte und in den überfüllten Vierteln grassierten Epidemien.

Orte des Glaubens

Von den vielen Synagogen, die einst in jeder Straße zu finden waren, sind nur wenige, eher unspektakuläre übrig geblieben. Da sie nicht kenntlich gemacht sind und oft am Ende kleiner, unbeschilderter Gassen liegen, verläuft man sich leicht. Die Alzama Synagoge liegt an einem hübschen Innenhof, den sie sich mit Wohnhäusern und einem Gemeindezentrum teilt. Sie wurde zu Beginn des 20. Jhs. errichtet und in den 1950er-Jahren um eine Empore für die weiblichen Gemeindemitgliedert erweitert. Neu daran war, dass die Frauen nicht mehr am Eingang oder in einem separaten Raum sitzen mussten. Gottesdienste finden freitags abends und samstags statt.

Markt

Auf dem Mellah Markt versorgte sich über 500 Jahre lang die jüdische Bevölkerung. Oft statten die in der Stadt angebotenen Kochkurse hier einen Besuch ab, um Zutaten zu kaufen oder bei der Schlachtung eines Huhns dabei zu sein. Es macht Spaß, in dieser bunten Atmosphäre einzukaufen, oder wenigstens Fotos zu machen.

KLEINE PAUSE

Genießen Sie einen Drink mit Aussicht von Nid Cigogne (► 87) und stärken Sie sich mit einem marokkanischen Gericht oder einem Sandwich.

JUDEN IN MAROKKO

Im 15. Jh. standen die Juden im Zentrum der marokkanischen Wirtschaft und verfügten über vielfältige Handelsbeziehungen. Vor Gründung des Staates Israels 1948 lebten über eine halbe Million Juden in Marokko. Heute leben nur noch einige tausend im Land, die meisten von ihnen in Casablanca. Allerdings zieht es zunehmend junge Juden mit marokkanischen Vorfahren hierher zurück, zumal Marrakech gute Geschäftsmöglichkeiten bietet. Viele haben sich hier Ferienhäuser gekauft. Da der König die Toleranz der Kulturen aktiv fördert, investieren viele Israelis in Marokko und beinahe vergessene Synagogen werden wieder restauriert.

✚ 169 D2
Mellah Markt
✉ zwischen Place des Ferblantiers und Palais El Badii
◷ Fr geschlossen

MELLAH: INSIDER-INFO

Top-Tipp: Wenn Sie die Synagogen besuchen wollen, sollten Sie einen Führer engagieren, denn sie sind schwer zu finden. Fragen Sie im Hotel oder nehmen Sie die Hilfe eines Führers vor Ort an. Trinkgeld nicht vergessen!

⑥ Palais de la Bahia

Dieser Palast ist eine Oase abseits der hitzigen Straßen der Kasbah und des geschäftigen Jemaa El Fna und liegt am Nordende der Mellah. Erholen Sie sich in den gepflasterten Innenhöfen und den hohen Räumen mit den gewölbten Decken, bevor Sie sich wieder in das Getümmel stürzen.

Bou Ahmed, der Sohn eines schwarzen Sklaven, erbaute den Palast Ende des 19. Jhs. und ergänzte ihn um die Moschee und einen Hamam. Er wuchs mit dem Thronfolger zusammen auf und wurde später Großwesir (Berater des Sultans). Im Palast lebten seine vier Ehefrauen und zwei Duzend Konkubinen. Mit El Bahia (»Die Strahlende«) wollte er die schönsten maurischen Paläste übertrumpfen. Sein zunehmendes Übergewicht während der Bauphase veranlasste ihn angeblich, auf die sonst üblichen oberen Galerien zu verzichten.

Perle der Baukunst

Der Eingang zu der weitläufigen Palastanlage führt in einen lang gestreckten Innenhof, von dem mehrere Empfangshallen mit einst kunstvoll verzierten Decken abgehen. In den unmöblierten Räume beeindruckt die Bauweise. Beachten Sie die Muster der *zellij*-Kacheln und den traditionellen polierten Gipsputz, *tadelaght*, aber auch die bemalten Decken und das wabenförmig geschnitzte und vergoldete Zedernholz.

In diesem Palast sind alle Merkmale islamischer Baukunst vereint. Licht, Wasser und Symmetrie sind damals wie heute wesentliche Gestaltungsmerkmale. Viele Stilelemte haben andalusische Bezüge. Der Palast, der als einer der vollendetsten des Landes gilt, wurde von El Hai Mohammed Ben Mekhi el Mifioui von 1894–1900 geplant und über einen Zeitraum von 15 Jahren von Handwerkern aus Fès ausgeführt.

Der Palast ist unmöbliert, beeindruckt aber mit architektonischen Details wie bemalten Holzarbeiten

Königliches Refugium

Im Frauenflügel waren die größten Gemächer den Lieblingskonkubinen des Großwesirs zugewiesen. In den dazugehörigen, gekachelten Innenhöfen, in denen Bananenstauden und Palmen wuchsen, befanden sich Wasserbecken, die auch zum Baden dienten. Obwohl im Freien waren die Frauen in diesen privaten Gärten von der Außenwelt streng abgeschirmt. Die Fläche der weit ausgedehnten Parkanlagen und des Palasts summiert sich auf 80 000 m².

Anfang des 20. Jhs. residierten hier T'hami El Glaoui, der Pascha von Marrakech (➤ 18), und die französische Kolonialverwaltung. Er wird immer noch vom König bewohnt (die meisten der 150 Zimmer sind privat). Der Rapper P Diddy veranstaltete hier 2001 eine millionenschwere Party mit Supermodels und Prominenten. Edith Wharton übernachtete im Gemach der Lieblingskonkubine und schwärmte in ihrem Buch *In Morocco* (1927) von »Blüten und Schatten und plätscherndem Wasser«.

KLEINE PAUSE

Das Publikum in Le Tanjia (➤ 87) ist anspruchsvoll, hier bekommen Sie zu jeder Tageszeit marokkanische und internationale Gerichte.

Die sonst üblichen oberen Galerien wurden nie gebaut

➕ 169 D3　✉ Rue de la Bahia, Rue Riad Zitoun El Jedid
🕐 tägl. 8.30–12, 14.30–18 Uhr　✋ preiswert

PALAIS DE LA BAHIA: INSIDER-INFO

Top-Tipps: Der Palast ist ein beliebtes Ziel für Tourbusse. Vermeiden Sie die Spitzenzeiten oder suchen Sie sich ein ruhiges Plätzchen fernab der Touristenscharen.

■ Auch wenn die Zimmer auf den ersten Blick ähnlich aussehen, versuchen Sie sich den Glanz und die konspirative Atmosphäre vorzustellen, die einst diese einzigartigen Gebäude beherrschte.

Außerdem In diesem Stadtteil liegen weitere sehenswerte Paläste. Besichtigen Sie den Palais El Badii (➤ 73), oder den Dar Si Saïd (➤ 85), in dem der Halbbruder des Wesirs lebte, der den Palais de la Bahia erbaute. Das eher bescheidene »Hausmuseum« des Maison Tiskiwin (➤ 84) ist zwar wesentlich kleiner, aber trotzdem sehenswert.

Nach Lust und Laune!

Zwischen den Pflanzenmotiven der konzentrischen Bögen am Bab Agnaou stehen Segnungen aus dem Koran

7 Bab Agnaou

Das Bab Agnaou wurde im 12. Jh. während der Almohaden-Dynastie erbaut und ist der Haupteingang zur Kasbah (Burg). Der Name bedeutet »Tor der Gnawa« und erinnert an die Sklaven, die es errichten mussten und hierher verschleppt worden waren.

Das architektonische Meisterwerk mit seinen feinen konzentrischen Bögen und den floralen Motiven ist das schönste der Stadttore (➤ 104). Kunstvoll in Stein gemeißelte Zitate aus dem Koran segnen alle, die sie lesen und unter ihnen hindurchgehen. Auch heute noch erkennt man, dass Bab Agnaou von Anfang an eher der Repräsentation diente und weniger um die Stadt zu verteidigen. Über Jahrhunderte wurde es mehrfach um- und abgebaut und müsste dringend restauriert werden.
✠ 168 B2

8 Kasbah Moschee

Nicht-Muslime bekommen nur das grün gekachelte Dach und die roten Außenmauern der Moschee zu sehen, die zwischen Bab Agnaou und den Saaditengräbern in die Gebäude der Kasbah integriert ist (➤ 71). Sie ist auch unter dem Namen ihres Gründers, Sultan El Mansour, bekannt, der sie Ende des 12. Jhs. bauen ließ. Nach schweren Beschädigungen im 16. Jh. wurde die Moschee mehrfach umgebaut und renoviert.
✠ 168 B2 ✉ Rue de la Kasbah
⊗ kein Zutritt für Nicht-Muslime

DIE BESTEN PLÄTZE FÜR EINE PAUSE

Wenn Sie genug Paläste und Museen gesehen haben, gönnen Sie sich eine kleine Erholung und laden Sie Ihre Akkus wieder auf.

- Im Centre Artisanal können Sie unbeschwert shoppen – hier finden Sie die entspannteste Einkaufsatmosphäre der Stadt.
- Verbinden Sie ein Picknick mit einem Ausflug in die Geschichte: Jardins de l'Agdal (▶ 76).
- Schlürfen Sie einen unvergleich-lichen Cocktail und versuchen Sie Ihr Glück im Casino vom Hotel La Mamounia (▶ 70).

9 Centre Artisanal

Das Centre Artisanal könnte man als Kaufhaus für marokkanisches Kunsthandwerk bezeichnen. Im Erd-geschoss gibt es kleinere Souvenirs, in den oberen Stockwerken werden Möbel und Teppiche angeboten. Sehr angenehm ist, dass hier feste Preise gelten, auch wenn das meist teurer ist als in den Souks. Oft ist die Ware allerdings nicht ausge-zeichnet. Auch scheinen manchmal die Verkäufer kein Interesse am Geschäft zu zeigen oder versuchen Ihnen Viskose z. B. als Seide zu verkaufen. Doch es ist angenehm, alles unter einem Dach zu finden und mit Kreditkarte zahlen zu können. Im Erdgeschoss gibt es herrlich aromatisierte Duftöle (▶ 39).

✚ 168 B1 ✉ 7, Derb Baissi, Kasbah, Boutouil ☎ 024 38 18 53
🕐 tgl. 8.30–19.30 Uhr

10 Place des Ferblantiers

Dieser ruhige, hübsche Platz mit Bänken und einem schlichten Frei-luft-Café ist nach den *ferblantiers* (Blechschmieden) benannt. Ihre Werkstätten breiten sich am Rand des Platzes aus. Im Angebot sind handgefertigte traditionelle und moderne Laternen und Spiegel aus Blech. Suchen Sie nach den fan-tasievollen handgemachten Stücken, die aus kleinen, gemusterten Blechtei-len zusammengesetzt sind. Der Place des Ferblantiers hieß früher Place du Mellah, bis heute gelangt man von hier in die Mellah (Jüdisches Viertel ▶ 78).

✚ 168 C2 ✉ Place des Ferblantiers
☎ kein Telefon

Handgemachte Zinn- und Blechlaternen auf dem Place des Ferblantiers

FÜR KINDER

- Lassen Sie Ihre Kinder selbst ein Souvenir im Centre Artisanal aus-suchen, das wird die Reisekasse nicht sprengen.
- Die Störche (▶ 73, 74) und andere Vögel auf den Dächern des Palais El Badii sind gut zu beobachten.
- Besuchen Sie die Grabanlage der Saaditen (▶ 71) und erzählen Sie die Geschichten der marok-kanischen Königshäuser.

Das Tor Bab Tla du Habet am Palais Royal

⓫ Palais Royal (Königlicher Palast)

Der königliche Palast ist für die Öffentlichkeit nicht zugänglich. Was hinter den hohen Mauern der gewaltigen Palastanlage geschieht, die einen großen Teil des Kasbah-Viertels einnimmt, bleibt der Fantasie überlassen. Der dekorative Haupteingang, der an die ausgedehnten Jardins de l'Agdal (➤ 76) angrenzt, steht im Kontrast zu den kahlen rosaroten Mauern. Der neuere und kleinere Palast des Königs liegt auf der anderen Seite der Kasbah, aber hier leben noch einige Verwandte seines Vaters.

✚ 169 D1　✉ Rue de Méchouar
🕐 nicht öffentlich

⓬ Maison Tiskiwin

Der Besitzer dieser Privatsammlung, der holländische Anthropologe Bert Flint, stellt hier Kunsthandwerk aus der Sahara und von den Berbern aus. Die Sammlung ist wird kaum von Gruppentouristen besucht und äußerst sehenswert. Besucher erhalten ein ausführliches englisches Büchlein mit dem Titel *A Round Trip from Marrakech to Timbuktu*, das die Exponate erklärt. Sie beginnen im ersten Stock und begeben sich auf eine faszinierende Reise, die nach Niger, Mali und Mauretanien führt. Im ersten Raum erwartet Sie dekorative Kunst der Saharabewohner, im letzten (dem Wohnzimmer des Besitzers) ausdrucksstarke Masken und farbenfrohe Teppiche, die der Sammler von seinen zahlreichen Transsaharareisen mitbrachte.

✚ 169 D3　✉ 8, Rue de la Bahia, Rue Riads Zitoun El Jedid　☎ 024 38 91 92
🕐 tägl. 9.30–12.30, 15.30–17.30 Uhr

13 Dar Si Saïd

Der Bruder des Großwesirs, der den Palais de la Bahia (➤ 80) errichten ließ, legte im ausgehenden 19. Jh. den Grundstein für diesen Palast. Er beherbergt heute das Museum marokkanischer Kunst. Schilder leiten Sie durch zahlreiche Räume mit gut beschrifteten Exponaten, wie eleganten Möbeln, traditionellem Berberschmuck und kunstvoll geschnitzten Holztüren. Das Gebäude mit den traditionellen drei Etagen und seinem Innenhof ist üppig mit kunstvoll ausgearbeiteten Decken ausgestattet und macht der Ausstellung Konkurrenz.

✚ 169 D3 ✉ Derb El Bahia, Rue Riad Zitoun El Jedid ☎ 024 44 24 64 ✪ Mi–Mo 9–12.15, 15.15–17.30 Uhr

Traditionell nach Berberart mit Kacheln gearbeitete Tür im Dar Si Saïd

14 Grand Casino La Mamounia

Zahlreiche Persönlichkeiten haben in diesem großen und prunkvollen Casino, das zum berühmten Hotel (➤ 70) gehört, ihr Glück herausgefordert. Spieler haben die Wahl zwischen Roulette, Blackjack, Spielautomaten und vielem mehr. Viele kommen einfach nur wegen des Glamours und begnügen sich mit einem Cocktail. Jeans, Freizeitkleidung und Kameras sind hier nicht erlaubt. Für Auszahlungen müssen Sie sich ausweisen.

✚ 167 F3 ✉ Avenue Bad Jedid ☎ 024 44 45 70; www.grandcasinomamounia.com ✪ tägl. 15–5 Uhr ❓ Altersbeschränkung mind. 16 Jahre; für Spiele mind. 18 Jahre

VIER BERÜHMTE PALÄSTE

Standesgemäß ist dieses königliche Viertel voller großartiger Paläste.

■ Die historischen Ruinen des Palais El Badii (➤ 73) erinnern an den Prunk und die Geltungssucht eines Sultans.
■ Der strahlende Palais de la Bahia (➤ 80) bot schon Konkubinen, einer Schriftstellerin und einem Rapstar ein Dach über dem Kopf.
■ Dar Si Saïd ist ein prachtvolles historisches Museum.
■ Der ausgedehnte Palais Royal (Königlicher Palast, ➤ 84) ist für die Öffentlichkeit leider nicht zugänglich.

Wohin zum …
Essen und Trinken?

Preise
Die Preise gelten pro Person für ein Essen ohne Getränke (► 38):
€ unter 10 Euro   €€ 10–20 Euro   €€€ über 30 Euro

RESTAURANTS

Wenn Sie die beste marokkanische Küche genießen möchten, die das königliche Viertel zu bieten hat, besuchen Sie in eines der hier vorgeschlagenen traditionellen Restaurants. Auch wenn das Standard-Menü nicht ganz Ihren Geschmack trifft, können Sie fürstlich speisen. Ein Gang wird nach dem anderen serviert, irgendwann wird sicher auch etwas für Sie dabei sein, das andere lassen Sie weg. Möglich, dass Livemusiker und Bauchtänzerinnen Ihr Essen begleiten.

Viele der Lokale in der Südlichen Medina besitzen eine Dachterrasse, von der Sie das königliche Viertel überblicken und zugleich delikat speisen können. Ein Mittagessen im Freien mag Ihnen zu heiß erscheinen, aber die meisten Tische stehen unter Sonnenschirmen, nachmittags und abends weht oft eine kühle Brise über die Dachterrassen. Wenn Sie erst einmal den Aufstieg geschafft haben (in der Regel drei sehr steile Treppen), genießen Sie den lauen Wind der natürlichen Klimaanlage und die herrliche Aussicht auf die Kasbah.

Kosybar €€

Das etwas andere Lokal, in dem Sie entweder eine Erfrischung auf der luftigen Dachterrasse schlürfen, bei Sushi oder Thai-Essen in den bequemen Sofas versinken, oder dem abendlichen Jazzprogramm in der Piano-Bar lauschen können. Kommen Sie hierher, wenn Sie in diesem Viertel in ungezwungener Atmosphäre eine Kleinigkeit essen möchten. Die Kosybar hat durchgehend geöffnet und bietet für jeden Geschmack etwas an: Einen kleinen Snack oder ein komplettes marokkanisches oder internationales Gericht. Als Vorspeise und Snack empfehlen wir marokkanische Salate oder angebratene Frühlingsrollen. Wer es herzhaft mag, sollte gegrilltes Lamm oder Hähnchen probieren. Von den zahlreichen französischen Nachspeisen sind besonders das süße Soflé, die cremige Tarte und das karamellisierte *millefeuille* hervorzuheben.

✠ 168 C2   ✉ 47, Place des Ferblantiers
☎ 024 38 03 24   ◉ Di–So 12–23 Uhr

Ksar El Hamra €€

Dieses Restaurant in einem ehemaligen *riad* ist ganz auf touristische Wünsche ausgerichtet. Während des Essens unterhalten Sie Livemusik und orientalische Tänze. Es gibt typische marokkanische Gerichte wie Tauben-*pastilla* (gefüllter Kuchen), Salate und *tajine*, der Service ist sehr höflich. Essen Sie im hübschen Innenhof oder an kühleren Tagen in den opulent eingerichteten maurischen Salons.

✠ 169 D2   ✉ 28, Sabt Ben Daoud, Rue Riad Zitoun El Kedim   ☎ 024 42 76 07;
www.restaurant-ksarelhamra.com
◉ meist von 20 Uhr bis spät in die Nacht

La Mamounia €€–€€€

Die Büffets in diesem vornehmen historischen Hotel sind legendär. Nach der Wiedereröffnung im Frühling 2009 ist zu erwarten, dass diese kulinarische Tradition wieder aufgenommen wird. Es gab hier mehrere feine Restaurants und Snack-Bars mit abwechslungs-

reicher mediterraner Küche von Marokko bis Italien, auch für externe Gäste. Dresscode beachten: Keine Turnschuhe oder Shorts!
✚ 168 A3 ✉ Avenue Bab Jedid
☎ 024 38 86 00; www.mamounia.com

La Sultana €€–€€€

Leichte Küche mit mediterranen und asiatischen Einflüssen können Sie mittags am vornehmen Pool oder auf der Terrasse genießen. Das reichhaltigere Abendessen im gediegeneren Restaurant trägt eine französische bis internationale Note. Es gibt einige vegetarische Gerichte, aber erwarten Sie keine zu große Auswahl. Insgesamt ist der Service in diesem Luxushotel hervorragend.
✚ 168 C1 ✉ 403, Rue de la Kasbah
☎ 024 38 80 08; www.lasultanamarrakech.com
⊕ tägl. 7.30–21.30 Uhr (letzte Bestellung)
❓ Reservierung erforderlich

La Villa des Orangers €€€

Das noble und intime Traditionslokal und seine Bar gehören zum gleichnamigen Luxushotel und werben mit ihrer »kultivierten Eleganz«. Die Küche ist von der Relais & Château Vereinigung ausgezeichnet und bietet täglich wechselnde mediterrane und marokkanische Gerichte. Reservieren Sie so früh wie möglich einen Tisch, da die Hotelgäste Priorität genießen. Kommen Sie mit leerem Magen, das Essen ist reichhaltig.
✚ 168 B2 ✉ 6, Rue Sidi Mimoun, Place Ben Tachfine ☎ 024 38 46 38; www.villadesorangers.com
⊕ tägl. 7–23 Uhr

Le Sabal €€

Die Einrichtung in dieser über 100 Jahre alten Villa ist betont opulent. Bei orientalischem Tanz werden die französischen und marokkanischen Speisen serviert, bei gutem Wetter im Garten, in kühleren Nächten im Kaminzimmer. Intellektuelle und Künstler waren hier zu Gast, das Restaurant versprüht dabei den Charme der guten alten Zeit.
✚ 163 E2 ✉ Ecke Avenue Mohamed V. und Place de la Liberté
☎ 024 42 24 22; www.lesabal.com
⊕ tägl. 7–13 Uhr

Le Tanjia €€

Das Le Tanjia gehört zu einer neuen Generation von Restaurants in Marrakech, deren Küche traditionelle marokkanische Gerichte neu interpretiert und modern zubereitet. In der Art einer Brasserie werden hier Rucolasalate und Sonntagsbrunche neben klassischer *tajine* angeboten – seine Vielfalt macht dieses Lokal zu jeder Tageszeit zu einer guten Wahl. Das selbstbewusste und stets gelassene Personal und die angenehme Dachterrasse ziehen ein junges, internationales Publikum an. Das Abendessen wird mit Bauchtanz und traditioneller Musik begleitet, was hier lebendiger und echter wirkt als an vielen anderen Orten.
✚ 169 D2 ✉ 14, Derb Jedid, Hay Essalame ☎ 024 38 38 36
⊕ tägl. 10–1 Uhr

Nid Cigogne €–€€

Die Snacks, Salate und *tajines* sind weniger der Rede wert, aber das dreigeschossige Restaurant mit seiner Dachterrasse und dem Blick auf brütende Störche liegt direkt gegenüber der Saaditengräber sowie der Kasbah. Ist der Aufstieg erst einmal geschafft, erwarten Sie eine kühlende Brise und eine beeindruckende Aussicht auf das königliche Viertel.
✚ 168 C2 ✉ 60, Place des Tombeaux Saâdiens ☎ 024 38 20 92
⊕ tägl., wechselnde Öffnungszeiten

Palais Calipau €€€

In diesem *riad* hat das Essen wie die Unterkunft fünf Sterne. Sie haben die Wahl zwischen einem Menü mit drei marokkanischen und drei französischen Gängen, u. a. Lamm-*tajine* oder Pfeffersteak. Bei der Tischreservierung werden Gäste des Hauses bevorzugt, reservieren Sie also frühzeitig. Hier können Sie die richtig gute Küche des Hauses und den überaus aufmerksamen Service in einer intimen Atmosphäre genießen.

✠ 168 C1 ✉ 14, Derb Ben Zina, Kasbah ☎ 024 37 55 83; www.palais-calipau.com
◷ tägl. 7–23 Uhr

Palais Gharnata €€€

In der Mellah gibt es relativ wenige Restaurants. Dieser riesige und verschwenderisch eingerichtete Palast des Essens ist mit die beste Wahl im jüdischen Viertel. Das hat sich allerdings auch bei Touristengruppen herumgesprochen, meist erwartet Sie deshalb ein hektischer Betrieb. Hier erleben Sie Musik und Bauchtanz in einer orientalischen Palastatmosphäre. Die Standards der marokkanischen Küche werden fast wie am Fließband serviert. Die großen Touristengruppen kommen hier in der Regel am frühen Abend an. Wenn Sie den größten Andrang vermeiden wollen, kommen Sie am späten Nachmittag oder nach 20.30 Uhr.

✠ 169 D3 ✉ 5/6, Derb El Arsa ☎ 024 38 96 15; www.gharnata.com
◷ tägl. 18.30–0.30 Uhr

Tatchibana €€

Genießen Sie echt japanisches Sashimi, Sushi und Nudeln, auf der Zunge zergehendes Tempura und mariniertes Fleisch und trinken Sie dazu grünen Tee, Sake oder internationale Weine. Die schlichte Zen-Atmosphäre mit Blick auf einen kleinen grünen Garten ist eine erfrischende Abwechslung unter all den Dachterrassenrestaurants Marrakechs. Die Karte für Mittag- und Abendessen variiert nach Saison.

✠ 168 C1 ✉ 38, Rue de Bab Ksiba, Kasbah ☎ 024 38 71 71; http://tatchibana.free.fr
◷ Di–So Mittagstisch und Abendessen

BARS

Alkoholische Getränke bekommen Sie im Südteil der Medina praktisch nur in einem Hotel, *riad* oder Restaurant. Das La Sul-tana (▶ 87) hat eine Lounge und eine Pool-Bar, in der allerdings eine Reservierung zum Essen erforderlich ist. Ordentliche Cocktails und internationale Weine bietet die Bar im Nid Cigone (▶ 87), auch hier mit Tischreservierung. In La Villa des Orangers (▶ 87) genießen Sie Ihren Drink in einem gemütlichen Salon am offenen Kamin oder im Innenhof. In den beiden nachfolgenden Bars müssen Sie zwar nicht unbedingt etwas zu essen bestellen, Sie sollten im Allgemeinen ihren Drink jedoch dort zu sich nehmen, wo Sie auch zu Abend essen.

Churchill Piano Bar

Sie können Gift darauf nehmen, dass Churchill den einen oder anderen Whisky in seinem geliebten Mamounia Hotel (▶ 70, 86) getrunken hat. Die nach ihm benannte Bar serviert eine große Auswahl an Getränken, natürlich auch erlesene Whiskys, Zigarren und Cocktails.

Es erwartet Sie eine geschichtsträchtige, gehobene Clubatmosphäre, in der ab 21 Uhr Jazz spielt. Am Eingang wird die Garderobe kontrolliert: keine Shorts oder Sportkleidung, dafür Sakkos für Herren.

✠ 168 A3 ✉ Avenue Bab Jedid ☎ 024 38 86 00; www.mamounia.com

Kosybar

Neben dem bezaubernden Restaurant, das sich auf drei Etagen verteilt (▶ 86), gibt es hier auch eine Bar, zu der der Name passt. Es ist der einzige Ort in diesem Viertel, an dem Sie (außerhalb eines Hotels) alkoholische Getränke bekommen und der deshalb auch gut besucht ist. Genießen Sie Spitzenweine (mit die besten im Land) und köstliche, erschwingliche Cocktails in einer entspannten Umgebung. Egal, ob Sie einen vollmundigen Merlot, einen Mojito mit frischer Minze oder einen frisch gepressten Saft möchten, hier werden ihre Wünsche erfüllt.

✠ 168 C2 ✉ 47, Place des Ferblantiers ☎ 024 38 03 24 ◷ Di–So 12–23 Uhr

Wohin zum …
Einkaufen?

Im Vergleich zu dem Riesenangebot in den Souks oder den feinen Boutiquen in der Neustadt, ist das Einkaufen in der Südlichen Medina ganz zwanglos. Hauptattraktion ist das Centre Artisanal (▶ 83), das einem Kaufhaus ähnelt. Hier bekommen Sie alles, um ihr Zuhause in marokkanischem Glanz erstrahlen zu lassen. Ohne feilschen zu müssen, können Sie zu vernünftigen Preisen schon nach wenigen Stunden feudale Kissen, Laternen und Lederpuffs Ihr eigen nennen. Hier und da gibt es noch weitere Einkaufsmöglichkeiten, wie den Place des Ferblantiers und vereinzelte »Antiquitäten«-Geschäfte.

Besuchen Sie im **Centre Artisanal** (7, Derb Baissi, Kasbah, Tel. 024 38 18 53; tägl. 8.30–19.30 Uhr) die Abteilung mit den Duftölen im Erdgeschoss. Das beruhigende, lieblich duftende Orangen- oder Rosenöl kann man dem traditionellen Arganöl, das ebenfalls hier verkauft wird, beimischen. Arganöl wird wegen seiner hautstraffenden Eigenschaften geschätzt und aus den Nüssen des Arganbaums gewonnen. Er wächst nur noch in wenigen Gebieten im Süden Marokkos, die zum Unesco Biosphärenreservat erklärt wurden.

Den Schmuckhandel im alten jüdischen Mellah-Viertel finden Sie in den Arkaden von **Grand Bijouterie** (Rue Bab Mellah, in der Nähe des Palais de la Bahia, kein Telefon, tagl. von 9–20 Uhr). In den vielen kleinen Läden werden Gold und Silber sowie Edelsteine aller Art verkauft. Die Preise gehen nach Gewicht, informieren Sie sich vorab. Die meisten jüdischen Händler sind längst abgewandert, aber der Ort ist sehenswert, selbst wenn Sie nichts kaufen wollen.

Auf dem **Mellah Markt** (zwischen Place des Ferblantiers und Palais El Badii, Fr vormittags geschlossen), der das Viertel über 500 Jahre versorgte, bekommen Sie frische Lebensmittel und Gewürze. Die Kochkurse sehen häufig einen Rundgang hier vor, um Zutaten zu kaufen. Es macht Spaß, in dieser bunten Atmosphäre einzukaufen, oder auch nur die gigantischen Gewürzkegel zu fotografieren.

Mohamed Bounmentel (12, Place des Ferblantiers, Tel. 062 08 60 10, tägl. 9–21 Uhr). Zu einem Bruchteil der Preise in der Neustadt finden Sie hier schön gemusterte Laternen und Truhen aus Zinn.

Vor dem Kauf sollten Sie die Ware auf Kratzer prüfen. Wenn Sie einmal auf dem Place des Ferblantiers (Platz der Blechschmiede) sind, schauen Sie in die Läden ringsum, wo es Lampen und andere Mitbringsel aus Zinn gibt.

Geschirr, Vasen und Aschenbecher aus Keramik in bunten Farben hat das **Original Design** (47, Place des Ferblantiers, Bab El Mellah, Tel. 024 38 03 61). Jedes Teil ist handgemacht, die Preise sind akzeptabel. Die Sachen können Sie sich vom Geschäft nachsenden lassen, wenn sie nicht ins Gepäck passen. **Ayas** (11 Bis, Derb Jdid, Baba Mellah, Tel. 024 38 34 28; www.ayasmarrakech. com, tägl. 9-21 Uhr) liegt neben dem empfehlenswerten Restaurant Le Tanjia (▶ 87). In diesem Laden gibt es nicht nur schöne Klamotten aus Baumwolle und Seide, tollen Schmuck und Accessoires, sondern auch Wohndekor wie aus den Hochglanzmagazinen. Hier finden Sie wunderbare marokkanische Designerwaren.

Wohin zum … Ausgehen?

Die Kasbah ist tief in der marokkanischen Geschichte verwurzelt und gespickt mit architektonischer Pracht. Es gibt zwei einzigartige Paläste und zwei interessante Museen, die einen Besuch lohnen. Abgesehen von diesen Sehenswürdigkeiten wird hier wenig zur Unterhaltung geboten. Wenn Sie aber auf Glücksspiel, alkoholische Getränke oder Massagen Lust haben, finden Sie hier ein Casino, eine Cocktail-Bar und herrliche Spas zum Entspannen. Viele der Restaurants (▶ 86) in diesem Teil der Medina bieten jeden Abend ein Begleitprogramm mit Bauchtanz und Folkloremusik.

La Mamounia

Bei Reaktionsschluss war das Hotel noch wegen Renovierung geschlossen. Dieses altehrwürdige Art-déco-Hotel ist ein Unterhaltungszentrum in der Alten Medina. Besuchen Sie die Bar und danach die wunderschönen Gärten, gönnen Sie sich ein köstliches Essen und genießen Sie einfach die leicht dekadente Atmosphäre, für die dieses Hotel so berühmt ist. Anschließend können Sie Ihr Glück im Casino herausfordern (▶ 85).

✚ 168 A3 ✉ Avenue Bab Jedid
☎ 024 44 45 70;
www.grandcasinomamounia.com
◷ tägl. 15–5 Uhr

Les Bains de Marrakech

Dieses wunderschöne Spa liegt zwischen Königspalast und Saaditengräbern. Wenn Sie die *gommage* (Bürstenmassage) wählen bleibt kein Hautfältchen verschont. Wenn Ihnen der Druck zu stark ist, sagen Sie einfach *doucement* (sanft). Lassen Sie sich erstklassig massieren, bevor Sie sich im Innenhof ausruhen. Die Reservierung mit Vorauszahlung ist Wochen im vorab fällig. Lassen Sie sich dadurch nicht davon abbringen, denn diese Erfahrung wirkt lange nach. An der Rezeption können Sie herrliche Duftöle mit Rosen- oder Orangenaroma kaufen, mit denen Sie Ihre Erinnerung wach halten können.

✚ 164 C1 ✉ 2, Derb Sedra, Bab Agnaou
☎ 024 38 14 28;
www.lesbainsdemarrakech.com

Les Bains Ziani

Das unprätentiöse Badehaus in der Nähe des Palais Bahia ist ein guter Kompromiss zwischen den schicken, teueren Spas und den schlichten lokalen Hamams (Männer tragen Badehosen, Frauen baden nackt). Im Angebot sind Jacuzzi, Seealgenbehandlung und Massagen. Das Personal ist freundlich. Les Bains Ziani liegt im Mittelfeld zwischen einem echten marokkanischen Badehaus und den auf internationale Touristen ausgerichteten Spas.

✚ 169 D3 ✉ 14, Rue Riad Zitoun El Jedid
☎ 062 71 55 71; www.hammamziani.ma

La Sultana

Paare können sich hier im traditionellen Hamam (Dampfbad) eine gemeinsame Bürstenmassage geben lassen – eine Besonderheit. Um alle Anwendungen zu probieren, könnten Sie hier eine Woche verbringen. Im Spa dieses smarten Hotels gibt es auch einen Beauty-Salon und einen Frisör. Vorreservierungen sind unerlässlich.

✚ 168 C2 ✉ 403, Rue de la Kasbah
☎ 024 38 80 08;
www.lasultanamarrakech.com

Nördliche Medina

Erste Orientierung

Unmittelbar nördlich der Souks mit ihren verwinkelten Gassen voller Touristen grenzt dieses traditionsreiche Viertel der Medina an. In den gewundenen, nicht beschilderten Gassen, die alle auf die nördliche Stadtmauer zulaufen, kann man sich leicht verirren: ein Kompass wäre praktisch.

Die historischen Sehenswürdigkeiten liegen in Gehweite beieinander: Das Musée de Marrakech (► 96), Medersa Ben Youssef (► 100) und die weniger bekannte Koubba Almoravide (► 98). In der östlichen Peripherie liegen die alten faszinierenden Gerbereien (► 102). Das Viertel lebt von seinen Moscheen, historischen Brunnen und lebendigen Kulturzentren. In der Mouassine genannten Gegend, liegt ein *riad*-Hotel neben dem anderen.

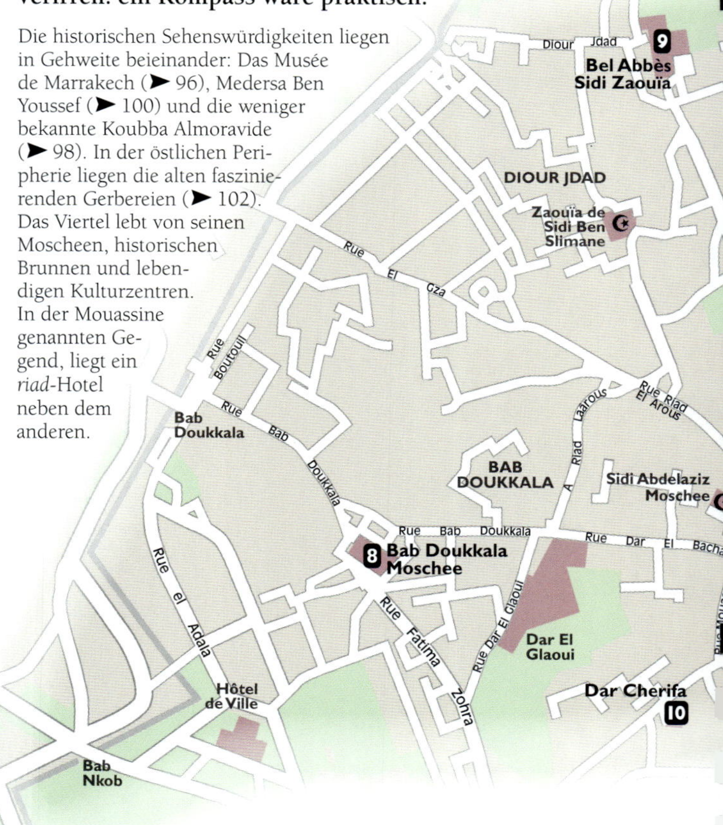

Rechts: Die Kuppel der reich verzierten Koubba Almoravide

★ Nicht verpassen!

1. Musée de Marrakech ➤ 96
2. Koubba Almoravide ➤ 98
3. Medersa Ben Youssef ➤ 100
4. Die Gerbereien ➤ 102
5. Stadtmauern und Tore ➤ 104

Nach Lust und Laune!

6. Dar Bellarj ➤ 105
7. Chrob ou Chouf ➤ 105
8. Bab Doukkala Moschee ➤ 105
9. Bel Abbès Sidi Zaouïa ➤ 105
10. Dar Cherifa ➤ 106

**Seite 91:
Detail einer
Kachel im
zentralen
Innenhof von
Medersa
Ben Youssef**

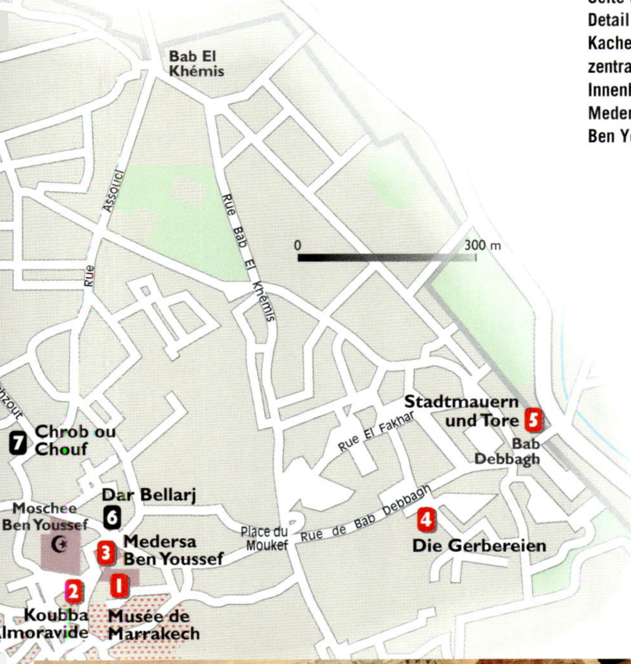

An einem Tag

Wenn Sie sich nicht entscheiden können, wo Sie Ihre Tour durch die nördliche Medina starten sollen, finden Sie hier praktische Vorschläge für einen angenehmen Tagesablauf, der Sie auch zu einigen der Sehenswürdigkeiten der vorherigen Karte führt. Erklärungen finden Sie bei den Haupteinträgen.

9.30 Uhr

Fangen Sie mit einem Besuch im ❶ **Musée de Marrakech** (➤ 96) an. Kaufen Sie ein Kombiticket, das auch den Eintritt in die Koubba Almoravide und Medersa Ben Youssef einschließt. Planen Sie eine Pause im reizenden Innenhof-Café nach der Besichtigung der Ausstellung.

11 Uhr

Auf der anderen Straßenseite des Museums liegt die ❷ **Koubba Almoravide** (➤ 98). Nehmen Sie sich nicht mehr als 20 Minuten Zeit für diese älteste Sehenswürdigkeit, Sie haben heute noch viel vor.

11.30 Uhr

Nicht weit von hier liegt ❸ **Medersa Ben Youssef** (rechts, ➤ 100), eine der Hauptsehenswürdigkeiten Marrakechs. Lassen Sie die gewaltige Architektur der Koranschule auf sich wirken und besichtigen Sie die winzigen Zimmer der Schüler im Obergeschoss.

13 Uhr

Stärken Sie sich im nur wenige Minuten entfernten **Restaurant Le Foundouk** (➤ 107, Reservierung empfohlen).

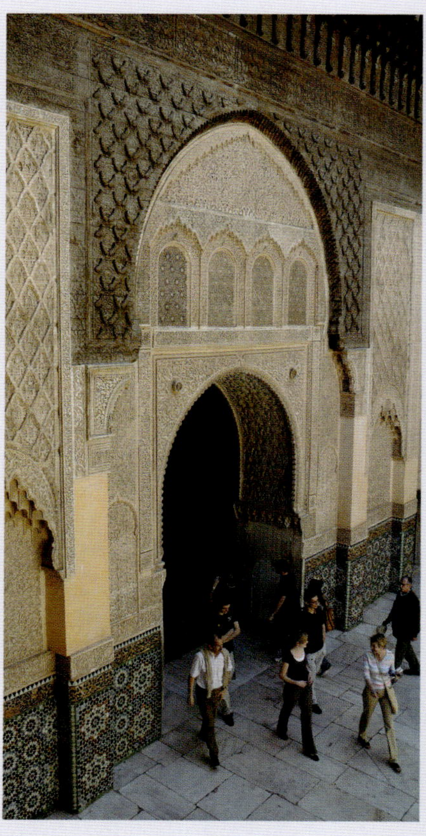

14.30 Uhr

Besuchen Sie **4 die Gerbereien** (➤ 102), sie befinden sich etwa 600 m entfernt am Ostende der Medina. Schauen Sie sich auf dem Weg dahin die dekorativen Details des Gerber-Tors Bab Debbagh an.

16 Uhr

Nehmen Sie für den Rückweg zur Medersa Ben Youssef die belebte Rue Dar El Bacha, an der sich einige sehr gute Antiquitätenläden befinden. Folgen Sie der Rue Bab Doukkala weiter bis zur **8 Bab Doukkala Moschee** (oben; ➤ 105). Nicht-Muslime dürfen die Moschee nicht betreten.

17 Uhr

Zeit für eine Pause mit Tee und Sandwichs oder Cocktails mit Tapas im **La Maison Arabe** (➤ 107), einem der ältesten, im Kolonialstil gehaltenen, Hotels der Stadt.

18.30 Uhr

Gehen Sie auf der Rue Bab Doukkala bis zum gleichnamigen Stadttor. Machen Sie eine romantische Kutschfahrt rund um die **5 Stadtmauern und Tore** (➤ 104). Die Fahrt dauert ca. eine Stunde.

20 Uhr

Etliche sehr gute Restaurants liegen in diesem Stadtteil. Da viele ausgebucht sind, ist eine Reservierung zum Abendessen ratsam. Hervorragend französisch essen können Sie im **Le Pavillon** (➤ 108).

❶ Musée de Marrakech

Dieser elegante Palast des ausgehenden 19. Jhs. ist ein Paradebeispiel maurischer Baukunst. Die Hauptattraktion ist das Gebäude selbst, insbesondere der gepflasterte Innenhof mit seinem Springbrunnen, wunderschönen Kacheln und Schnitzereien. Der ehemalige Hamam des Palastes wird heute als Ausstellungsort für zeitgenössische Kunst genutzt.

Der ursprüngliche Wohnsitz des Verteidigungsministers Mehdi Mnebhi wurde an Thami El Glaoui, den Pascha (Vizekönig) von Marrakech, verkauft. Seit der Unabhängigkeit 1956 in Staatsbesitz, war in ihm bis zur Schließung aufgrund baulicher Mängel lange Zeit die beste Mädchenschule Marrakechs untergebracht. Mithilfe der Stiftung Omar Benjelloun wurde der Palast wieder instand gesetzt und 1997 zum Museum für die hochkarätige Kunstsammlung Omar Benjellouns umfunktioniert.

Klarheit und künstlerischer Ausdruck

Im angenehm kühlen Innenhof können Sie sich unter dem beeindruckenden Lüster auf bequemen Stühlen am Springbrunnen erholen. Traditionelle Hintergrundmusik unterstreicht die Atmosphäre (CDs sind im Museumsshop erhältlich).

In den umliegenden Salons und Bogengängen ist eine interessante Dauerausstellung traditioneller islamischer Kunst zu sehen. Neben arabischen Kalligrafien und einigen uralten Koranbüchern finden Sie islamische Münzen aus dem 8. Jh. In diesem Bereich sind auch traditionelle Trachten wie Kaftane aus Fès und ländliche Tracht aus dem Atlasgebirge ausgestellt.

Edler Schmuck

Bewundern Sie die feinen Stickereien, Textilien und den Schmuck der Berber,

Rechts: Reich verzierter Salon im Museum

Unten: Der Innenhof der ehemaligen Küchen

die außergewöhnlichen silbernen Hände der Fatima – ein Glücksbringer, der den bösen Blick fern halten soll – und nicht zuletzt die ausdrucksstarken Schwarz-Weiß-Porträts von Frauen aus dem Atlasgebirge. Sehen Sie sich unbedingt die aufwändigen Keramiken im hinteren Teil der Ausstellung an, schon allein wegen der kunstvollen Decken der Räume. Die Sammlung enthält viele Stücke aus den berühmten Manufakturen von Fès.

In der ehemaligen Palastküche werden heute Wechselausstellungen zeitgenössischer Kunst gezeigt, darunter wichtige Werke marokkanischer Künstler. Das einladende riesige weiße Sofa im ehemaligen Hamam ist herrlich. In den ehemaligen Ställen finden Sie den Museumsshop.

KLEINE PAUSE

Lassen Sie sich eine Pause im reizenden Café im Innenhof des Museums nicht entgehen (➤ 108).

🞣 164 C2 ✉ Place Ben Youssef, Avenue Yacoub El Mansour, Guéliz ☎ 024 44 18 93; www.museedemarrakech.ma ⏰ tägl. 9.30–18.30 Uhr ✋ teuer, es gibt Kombitickets für das Museum, Medersa Ben Youssef und Koubba Almoravide 🍴 Café (€)

MUSÉE DE MARRAKECH: INSIDER-INFO

Top-Tipps: Die Erklärungen zur Ausstellung auf Arabisch und Französisch lassen zu wünschen übrig. Eine Führung ist empfehlenswert.

■ Das Gebäude ist eines der wenigen klimatisierten in diesem Viertel, machen Sie hier eine Pause, bevor Sie sich auf den Weg durch die Hitze machen.

Geheimtipp: Selbst die Toiletten sind kunstvoll und traditionell gekachelt.

Außerdem Das Museum ist ein lebendiges Kulturzentrum. Informieren Sie sich, ob Festivals oder Konferenzen stattfinden.

2 Koubba Almoravide

Die Koubba Almoravide, auch Koubba Ba'adiyn genannt, ist das einzige bauliche Relikt der Almoravidenherrscher, den Gründern der Stadt. Der Eintritt ist im Kombiticket mit dem Musée de Marrakech und Medersa Ben Youssef enthalten.

1117 von Ali Ben Youssef erbaut, ist die beinahe tausendjährige Koubba Almoravide das älteste Bauwerk der Stadt. 1948 wurde die Koubba (Kuppel) unter einem Berg von Erde und Asche entdeckt, 1952 freigelegt und renoviert. Auf den ersten Blick erkennen Sie nur einen unscheinbaren Bau, der mit Wildrosen bewachsen und von Katzen bewohnt zu sein scheint.

Vorzeigestück

Achten Sie auf Ihre Schritte, wenn Sie die ungleichmäßigen Stufen zum früheren Straßenniveau herabsteigen und auf die französischen Hinweisschilder. Das Königreich der Almoraviden (1062–1145) erstreckte sich einst von Südspanien bis Portugal und von Algerien über Marokko bis nach Mauretanien. Sie gründeten Marrakech als ihre Hauptstadt, ihre Bauwerke sollen beeindruckend gewesen sein. Tragischerweise wurde mit der Eroberung durch die Almohaden alles vernichtet. Die Koubba Almoravide ist das verbliebene Prachtstück ihrer einstigen Baukunst.

Nehmen Sie sich Zeit für die Besichtigung. Man nimmt an, dass sich hier auch ein Waschraum sowie die Latrinen der nahe gelegene Youssef Moschee befanden. Die ursprüngliche Moschee gibt es längst nicht mehr, aber sie wurde vielfach neu errichtet. Die Einwohner versorgten sich und ihr Vieh hier mit Wasser, das über das unterirdische Kanalsystem der *khetteras*

Die Koubba Almoravide wurde 1948 bei Ausgrabungen entdeckt

hierher geleitet wurde. Die große Zisterne und einige Brunnenreste sind noch zu sehen.

Für Kunsthistoriker haben diese Ruinen einen außerordentlichen Wert. Das Herzstück des kleinen, zwei Etagen hohen Bauwerks ist die Kuppel aus Stroh, Kalk und Steinen, die über einem rechteckigen Becken errichtet ist. Die feinen Bögen, die markante Form des Achtecks und die auffällig mit Palmblättern und Pinienzapfen verzierte Decke waren Vorbilder der marokkanischen Baukunst.

KLEINE PAUSE

Stärken Sie sich mit einem frisch gepressten Saft oder Minztee im angenehmen Café im Innenhof (▶ 108), das vom benachbarten Musée de Marrakech betrieben wird.

✚ 164 C2 ✉ Place de la Kissaria ☎ kein Telefon ◷ tägl. 9–13, 14.30–18 Uhr
✋ preiswert, das (teure) Kombiticket beinhaltet auch den Eintritt für das Musée de Marrakech und Medersa Ben Youssef

KOUBBA ALMORAVIDE: INSIDER-INFO

Top-Tipp: In der staubigen Koubba mit ihren ungleichmäßigen Treppen gibt es wenig Schatten. Nehmen Sie geeigneten Sonnenschutz und Wasser mit.

Außerdem Die **Stadtmauern und Tore** (▶ 104) und die Ruinen der Moschee neben der **Koutoubia Moschee** (▶ 48) stammen ebenfalls von den Almoraviden. In der viel später gebauten **Medersa Ben Youssef** (▶ 100) finden Sie die Pinienzapfen- und Palmblättermotive wieder.

Medersa Ben Youssef

Diese *medersa* bzw. Koranschule ist aus zwei Gründen eine Besonderheit: Ihre Architektur ist atemberaubend und sie ist einer der wenigen religiösen Orte, die Nicht-Muslime betreten dürfen. Die Ben Youssef Medersa wurde im 14. Jh. gegründet und um 1570 durch die Saaditen umgebaut. Sie war einst die größte Koranschule Nordafrikas, in der bis ins zum Jahr 1960 gelehrt wurde.

Die Medersa ist selbst mit Stadtplan nicht leicht zu finden, orientieren Sie sich an der benachbarten Moschee. Der Eingang führt durch einen langen Flur, der zu einem schönen, mit Sonnenlicht überfluteten Innenhof mit Wandelgängen führt. In der Mitte dieses schönen, großzügigen Zentralbereichs befindet sich ein rechteckiges Becken, das für Waschungen benutzt wurde. Kommen Sie früh morgens, wenn Sie die Schönheit der Architektur in Ruhe genießen möchten.

Kunst und Architektur

Die Medersa wurde zwar nach den Vorstellungen des Mereniden-Sultans Abou El Hassan gebaut, von der ursprünglichen Konstruktion ist jedoch wenig erhalten. Die ganze Pracht und die raffinierten Verzierungen sind den Saaditen zu verdanken, die das Gebäude mit viel Aufwand im 16. Jh. weitgehend erneuerten. Genau wie in den Saaditengräbern (➤ 71) wurde jede Oberfläche verziert.

Oben: Der zentrale Innenhof der Medersa Ben Youssef, einer der wenigen islamischen Denkmäler, das von Nicht-Muslimen besichtigt werden darf.

Den Innenhof schmücken bunte Mosaiken, so genannte *zellij*-Kacheln, und feine Stuckarbeiten. Der andalusische Einfluss ist in den dekorativen Elementen und im Baustil deutlich erkennbar. Vermutlich waren Handwerker, die an der südspanischen Alhambra in Granada gearbeitet haben, auch hier am Werk.

Religiöser Zweck

Übersehen Sie bei aller Bewunderung der Schönheit des Gebäudes nicht seinen eigentlich religiösen Zweck. Ursprünglich war die Medersa Teil der Ben Youssef Moschee, der ältesten Moschee Marrakechs, der zweitgrößten nach der Koutoubia. Im Obergeschoss paukten die Schüler den Koran, unter den mit Pfeilern gestützten Galerien am Wasserbecken wurde gelehrt. Am hinteren Ende des Innenhofs liegt die Gebetshalle. Unter ihrer Kuppel versammelte man sich einst zwischen aufwändig geschnitzten Koraninschriften und Palmblätter- und Pinienzapfenmotiven aus Zedernholz zum Gebet.

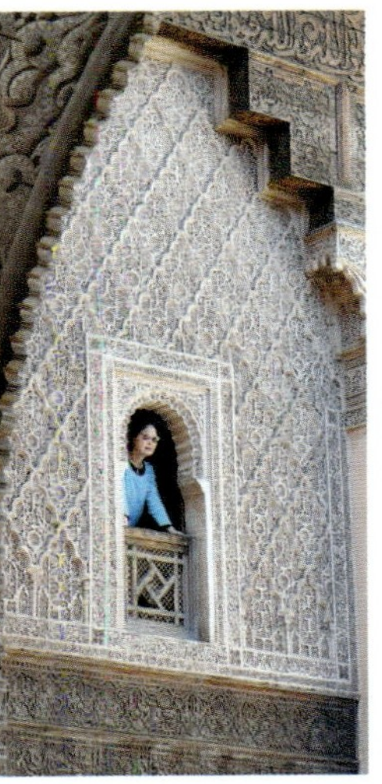

ten: Filigrane Stuckarbeiten schmücken das Fenster eines ehemaligen Schlafsaals

Internatzimmer

Zwei Treppenabsätze führen vom Eingang nach oben zu mehr als 100 winzigen Zimmern, die weitere, kleinere Innenhöfe umschließen. Vermeiden Sie die Touristengruppen, die gelegentlich wie Schwärme auftreten. Suchen Sie sich ein leeres Zimmer, schließen Sie die Tür und versuchen sich einen Moment lang vorzustellen, wie diese Waben vor nicht allzu langer Zeit noch von über 900 Schülern bevölkert waren.

KLEINE PAUSE

Stärken Sie sich mit einem frisch gepressten Saft oder Minztee im angenehmen Café im Innenhof (► 108), das vom benachbarten Musée de Marrakech betrieben wird.

🕂 164 C2 ✉ Place Ben Youssef, beim Souk El Khemis ☎ 024 39 09 11 🕐 April–Sept. tägl. 9–18.30 Uhr; Okt.–März 9–18 Uhr 🖐 teuer, das Kombiticket beinhaltet auch das Musée de Marrakech und die Koubba Almoravide.

MEDERSA BEN YOUSSEF: INSIDER-INFO

Top-Tipp: Um die Mittagszeit oder gegen Ende des Tages vermeiden Sie den Andrang großer Reisegruppen.

Außerdem Im Spielfilm *Marrakech – Hideous Kinky* von 1998 wandelt Kate Winslet in der Ben Youssef Medersa auf den Pfaden sufistischer Mystik.

Geheimtipp Die Informationstafeln sind nur auf Französisch. Zwei Studierzimmer sind original eingerichtet: Mit einer Schlafmatte, Teegeschirr und einem Schreibtisch.

Die Gerbereien

Die hoch ausgebildeten Handwerker, die in den Gerbereien arbeiten, leben nicht nur räumlich am Rande der Gesellschaft. Ihr handwerkliches Wissen wurde bis heute von einer Generation an die nächste weiter gegeben und ihr Können genießt internationalen Ruf. Hier bekommen Sie einen einzigartigen Einblick in ein Handwerk, das es bald nicht mehr geben wird.

Die Gerbereien und ihr Gestank sind an das Ostende der Medina gedrängt. Hier ist der Oued Issil Fluss jenseits des dekorativen Gerber-Tors Bab Debbagh leicht zugänglich. In diesem Teil der Stadt ist mit den meisten Angeboten durch selbsternannte Fremdenführer zu rechnen. Tatsächlich sind die Gerbereien schwer zu finden, aber für die angebotene Minze gegen den fauligen Geruch und für die Führungen wird natürlich ein Entgelt erwartet.

Uralte Tradition

Das Gerbprozess dauert über 20 Tage und ist seit dem Mittelalter so gut wie unverändert. Kuh-, Ziegen-, Schafs- und Kamelhäute werden zunächst von Fell- und Fleischresten gereinigt. Wer sich leicht ekelt, sollte diesen Arbeitsschritt lieber übergehen. Danach kommen die Häute zum Härten in ein Becken mit Wasser und Blut. Bevor sie getrocknet werden, werden sie zum Weichmachen mit tierischem Urin und Taubendreck getränkt.

Die großen Becken mit bunter Farbe erinnern an einen riesigen Wasserfarbkasten. Die Arbeitsbedingungen für die Gerber sind haarsträubend, sie stehen schon mal bis zur Hüfte in den Flüssigkeiten, ihre Haut ist ständig verschiedenen Chemikalien ausgesetzt. Traditionell wurden natürliche Farbstoffe wie Safran für Orange, Indigo für Blau und Mohn für Rot, sowie verschiedene Baumrinden und Beeren benutzt. Diese Naturfarben sind heute weitgehend durch synthetische ersetzt, aber die uralten Methoden sind geblieben. Sobald die Häute gefärbt und in der Sonne getrocknet sind, werden sie zu Handelswaren verarbeitet.

Dieses alte Handwerk erfordert Fingerfertigkeit und technische Kenntnisse, die innerhalb der Familien, die sich oft zu Kooperativen zusammenschlossen, von einer Generation an die nächste überliefert wurden. Die schädlichen Chemikalien belasten die Gesundheit und oft

DIE HÖLLE AUF ERDEN

Durch die grauenvollen Arbeitsbedingungen sind die Gerber von zahlreichen Legenden umwoben, so auch der, dass sie zum Leben verdammte Dämonen seien. Das traditionelle Gerben ist ein Alptraum für die Umwelt, sie verschmutzt Wasser wie Luft enorm mit toxischen Substanzen. In Marrakech und Fès gibt es Pläne, die Gerbereien in entlegenere Gebiete zu verlegen – besuchen Sie sie solange sie noch in Reichweite sind!

Links: Das Prä-
parieren und
Färben dauert
2 Tage

Unten: Arbeiter
rollen die Häute
auf und lassen
sie in der Sonne
trocknen

erkranken Männer schon im mittleren Alter so schwer, dass
ihre Söhne früh das Geschäft übernehmen müssen.

KLEINE PAUSE

Eine Orgie marokkanischer Küche wartet auf Sie im Yacout,
einem der besten Restaurants der Stadt – und eines der wenigen in diesem Teil der Medina (➤ 108).

✚ 165 E3   ✉ Rue Bab Debbagh, Quartier des Tanneurs
🕒 tägl. 9.30–18 Uhr, der Hauptbetrieb ist vor 13 Uhr   ✋ preiswert

DIE GERBEREIEN: INSIDER-INFO

Top-Tipps: Die jungen Männer, die Ihnen hilfsbereit den Weg im Gerber-
Viertel zeigen wollen, verlangen gerne überhöhte Honorare und können
aufdringlich werden.
- Ein Zweig Minze gegen den Gestank, ob selbst mitgebracht oder vor Ort
  besorgt, kann nicht schaden.
- Kommen Sie mit Ihrem eigenen Führer, den Ihr Hotel oder *riad* empfiehlt,
  oder gehen Sie auf eigene Faust durch das Viertel.

Außerdem Die meisten Lederwaren, Taschen, Lampen, Pantoffeln oder Puffs,
die in den Souks verkauft werden, werden hier hergestellt. Nach der Besichtigung der Gerbereien erscheinen Ihnen Ihre Souvenirs gewiss noch wertvoller.

5 Stadtmauern & Tore

Die rosaroten Wälle umschließen die Medina und trennen die alten Stadtteile von den neueren. Die 19 km lange, 1000 Jahre alte Befestigung ist eine erstaunliche Leistung und der Farbe des Lehms verdankt Marrakech seinen Spitznamen »Pink City«.

1126 ließ der Almoraviden-Sultan Ali Ben Youssef den 10 m hohen Wall bauen, um dem verfeindeten Stamm der Almohaden zu trotzen. Die Stadt wurde zwar 1147 doch erobert, aber die teilweise bis zu 2 m dicken Mauern und über 200 Wachtürme auf einer Länge von 6 km blieben erhalten.

Ihre mittelalterliche Bauweise aus *pisé* (Erde) hat sich als sehr dauerhaft erwiesen. Die unterschiedlich gestalteten Stadttore dienten verschiedenen Zwecken und sind unregelmäßig in der Mauer eingelassen. Das schön verzierte Bab Debbagh und das Bab Agnaou (➤ 88) sind maurisch gestaltet. Mit der Zeit wurden weitere, weniger verzierte Tore eingefügt, um den Zugang zur Medina zu erleichtern.

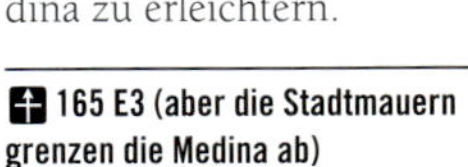

✚ 165 E3 (aber die Stadtmauern grenzen die Medina ab)

Bab El Khemis ist eines der Stadttore

STADTMAUERN UND TORE: INSIDER-INFO

Top-Tipps: Am schönsten sind die Stadtmauern am frühen Morgen oder im Abendrot, wenn sie orange glühen.

■ Ein Spaziergang an der Stadtmauer ist eine staubige und laute Angelegenheit. Nehmen Sie lieber eine Kutsche, wenn der Verkehr abends abklingt. Die Rundfahrt kostet etwa 200 DH (15 Euro), vereinbaren Sie den Preis unbedingt vor der Fahrt.

Nach Lust und Laune!

Dar Bellarj war früher eine Tierklinik für Störche. Der Vogel wird in Marrakech als heilig verehrt

6 Dar Bellarj

Das Kulturzentrum »Storchenhaus« liegt unmittelbar nördlich von der Medersa Ben Youssef in Richtung Ben Youssef Moschee. Im Haus befand sich früher eine Tierklinik für Störche, die in Marrakech als heilig gelten. 1999 wurde das Kulturzentrum eröffnet, nachdem der Innenhof mit seinem Brunnen sorgfältig restauriert worden war. Der eintrittspflichtige Besuch lohnt sich allerdings nur, wenn gerade eine Veranstaltung oder Ausstellung im Programm ist. Informieren Sie sich vorab in der Lokalzeitung.

✚ 164 C3 ✉ 9, Rue Toulat Zaouiat Lahdar ☎ 024 44 45 55 ⏱ Mo–Sa 9.30–18 Uhr 🖐 mittel

7 Chrob ou Chouf

Der Name dieser öffentlichen Quelle ist von einer ihrer arabischen Inschriften abgeleitet und bedeutet »trinke mit Bewunderung«. Sultan Ahmed El Mansour (1578–1603), der mächtigste aller Saaditenkönige, ließ sie einst erbauen. Dass er die Quelle öffentlich zugänglich machte, hatte den praktischen und zugleich spirituellen Zweck, seinem Volk die im Koran vorgeschriebene körperliche Reinlichkeit zu ermöglichen. Gleichzeitig konnte er sich wohltätig, stilvoll und gebildet zeigen. Die Quelle entspringt unter einem wunderschön geschnitzten Balken in einer Nische.

✚ 164 C3 ✉ direkt an der Rue Bab Taghzout

8 Bab Doukkala Moschee

Das hoch aufragende Minarett der Moschee ist das hiesige Wahrzeichen. Leider dürfen Nicht-Muslime die Moschee nicht betreten. Sie stammt wie der Sidi El Hassan-Brunnen davor aus dem 16. Jh. und wird von der Gemeinde des florierenden Viertels genutzt. Die Rue Bab Doukkala führt vom Palast Dar El Bacha (nicht öffentlich) durch das gleichnamige Stadttor und war einst die Verbindungsstraße zur Berberregion Doukkala. Das kunstvolle Tor Bab El Bacha ist noch erhalten, der Verkehr wird allerdings durch ein benachbartes modernes Tor geleitet.

✚ 164 A2 ✉ Rue Bab Doukkala ☎ kein Telefon ⏱ kein Zutritt für Nicht-Muslime

9 Bel Abbès Sidi Zaouïa

Nicht-Muslime können einen Blick auf den großen, offenen Innenhof und die Moschee mit Koranschule erhaschen, dürfen die religiösen Anlagen aber nicht betreten. Sidi Bel Abbès, lebte im 12. Jh. und wurde zum bedeutendsten der sieben Stadtheiligen, deren Gräber seit dem 17. Jh. zum beliebten Wallfahrtsziel geworden sind. Es heißt, Sidi Bel Abbès habe Blinden das Augenlicht wieder geben können.

Auch heute noch kommen Blinde und Behinderte hierher. Sein Grab ist auf dem nahe gelegenen Friedhof.

✚ 164 B4 ✉ Ecke Rue Sidi Ghanem und Rue Bab Taghzout ⊗ kein Zutritt für Nicht-Muslime

Das grün gekachelte Dach und der weitläufige Innenhof von Sidi Bel Abbès Zaouïa

tagessen im Innenhof entspannen und die Bücher der kleinen Bibliothek über marokkanische Kunst durchstöbern.

✚ 164 B2 ✉ 8, Derb Charfa Lakbir, bei der Rue Sidi El Yamani ☎ 024 42 64 63 ⊗ tägl. 10–19 Uhr, manchmal unregelmäßig geöffnet ✋ preiswert

🔟 Dar Cherifa

Dieses Kulturzentrum beweist, dass in der Altstadt ein frischer Wind weht. Dar Cherifa ist ein Literaturcafé mit wechselnden Kunstausstellungen in einem wunderschön renovierten Stadthaus inmitten der Souks. Bezaubernde Schnitzereien und Stuckarbeiten zieren die schlichten Räumlichkeiten, in denen marokkanische und internationale Kunst präsentiert wird. Gelegentlich finden Konzerte und andere kulturelle Veranstaltungen statt. Hier können Sie bei einer Tasse Minztee oder einem leichten marokkanischen Mit-

Wohin zum ...
Essen und Trinken?

Prices
Die Preise gelten pro Person für ein Essen ohne Getränke (➤ 38):
€ unter 10 Euro   €€ 10–20 Euro   €€€ über 30 Euro

Café Bouganville €–€€

Das *riad*-Restaurant bietet eine gute Auswahl internationaler und marokkanischer Küche. Es überrascht daher nicht, dass das Café ab mittags sehr gut besucht ist. Sie können auf der schattigen Terrasse im Innenhof sitzen oder in den bequemen Sesseln. Dieses freundliche Café ist ganz und gar auf die Bedürfnisse von Touristen eingestellt, erwarten Sie keine einheimischen Gesichter.
✚ 164 B2 ✉ 33, Rue Mouassine
☎ 024 44 11 11
◷ Di–So 10–21 Uhr

Dar Marjana €€€

Ein etabliertes Restaurant der Oberklasse, das marokkanische Menü wird vom höflichen Personal in Begleitung musikalischer und tänzerischer Folklore serviert. In diesem traditionellen *riad* können Sie im ersten Stock auf der Galerie oder unten im Innenhof essen. Auf Wunsch kocht man Ihnen Fisch und vegetarische Gerichte. Vor dem Abendessen müssen Sie unbedingt einen Cocktail im Patio probieren.
✚ 164 A2 ✉ 15, Derb Sidi Ali Tair, bei der Rue Bab Doukkala ☎ 024 30 57 73;
www.darmarjanamarrakech.com
◷ Mi–Mo nur abends ab 20.30 Uhr

Dar Moha €€€

Dar Moha zählt zu den besten Restaurants Marrakechs, aber es ist auch eines der teuersten und das Essen kann gelegentlich enttäuschen. In der angenehmen Villa aus dem 20. Jh. kocht man Marokkos *nouvelle cuisine*. Verbringen Sie einen romantischen Abend an einem Tisch beim Pool. An den anderen Tischen kann es wegen größerer Gesellschaften laut sein. Unbedingt vorab reservieren
✚ 164 B2 ✉ 81, Rue Dar El Bacha
☎ 024 38 64 00; www.darmoha.ma
◷ Di–So 12–14.30, 19–24 Uhr

La Maison Arabe €€

Dieses *riad*-Restaurant wurde in den 1940er-Jahren eröffnet und gehört zu den ältesten der Stadt. Der koloniale Stil der beiden Lokale ist ein bisschen altbacken. Nehmen Sie lieber einen Cocktail mit asiatisch inspirierten Tapas im Salon oder essen Sie ein Sandwich im Innenhof. In diesen Bereichen des »Arabischen Hauses« ist es so gemütlich wie bei einer marokkanischen Großmutter, der Service ist freundlich und schnell. Es gibt außerdem eine Snack-Bar am Pool mit leichten Gerichten à la carte.
✚ 164 A2 ✉ 1, Derb Assehbé, Bab Doukkala
☎ 024 38 70 10; www.lamaisonarabe.com
◷ tägl. 8–24 Uhr

Le Foundouk €€€

Le Foundouk ist ein altes Spitzenrestaurant mit verlässlich guter Küche. Das düstere Interieur mit spärlicher Beleuchtung ist nachts am stimmungsvollsten. Tagsüber können Sie auf der Dachterrasse ein leichtes Mittagessen, wie Lachsquiche und Pistaziensorbet, bestellen. Die Abendkarte ist reichhaltiger – mit französischen Gerichten und traditioneller marokkanischer Kost.
✚ 165 D2 ✉ 55, Souk des Fassi, Kat Bennahïd ☎ 024 37 81 90;
www.foundouk.com
◷ Di–So 12–24 Uhr

Le Pavillon €€€

Die französische Küche in diesem intimen, wenn auch etwas förmlichen Restaurant ist exzellent. Suchen Sie sich ein Plätzchen in den gemütlichen Nischen oder im Hof unter dem riesigen Baum. Die Adresse ist nicht leicht zu finden, nehmen Sie einen Stadtplan mit oder fragen Sie Einheimische. Die Preise sind gesalzen und die Portionen typisch *nouvelle cuisine*. Die Club-Bar des nahe gelegenen La Maison Arabe ist der hauseigenen vorzuziehen.

✚ 164 A2 ✉ 47, Derb Zaouïa, Bab Doukkala ☎ 024 38 70 40; www.restaurantlepavillon.com ⏰ tägl. 19–24 Uhr

Musée de Marrakech €

Das schlichte Innenhof-Café liegt am Eingang des besten Museums der Stadt. Hier können Sie sich bei einem frischen Saft oder Minztee erfrischen, bevor Sie sich wieder in die Medina stürzen. Es gibt einen guten Salat Niçoise und ordentliche Sandwichs, aber auch jede Menge Katzen, die im Viertel leben.

✚ 164 C2 ✉ Place Ben Youssef, Avenue Yacoub El Mansour, Guéliz ☎ 024 30 18 52; www.museedemarrakech.ma ⏰ tägl. 9–18.30 Uhr

Le Riad Des Mers €€

Steigen Sie am Bab Moussoufa Tor aus dem Taxi, wenn Sie ins »*riad* der Meere« wollen. Auf der Karte stehen frische Meeresfrüchte, die täglich aus Casablanca, Essaouira und anderen Küstenorten geliefert werden, sogar Austern und Hummer. Genießen Sie fangfrisches *tartare* mit Soßen oder in Salzkruste oder probieren Sie zur Abwechslung die italienischen Gerichte.

✚ 163 F4 ✉ 411, Derb Sidi Messaoud ☎ 024 37 53 04; www.ilove-marrakesh.com/riaddesmers ⏰ tägl. 20–24 Uhr

Terrasse des Épices €–€€

Dieses Lokal gehört zum größeren und zu Recht sehr beliebten Café des Èpices. Sie bekommen hier kleinere Gerichte, Salate, Spieße und Schokodesserts neben kulturellen Abendveranstaltungen. Die Atmosphäre in den schokoladenfarbenen Räumen mit ihrem einfachen, aber eleganten Décor ist gesellig. Auf der Dachterrasse genießen Sie einen herrlichen Ausblick über die Medina bis zu den Bergen.

✚ 164 C2 ✉ 15, Souk Cherifia, Sidi Abdelaziz, 150m von der Rue Dar El Bacha ☎ 024 37 59 04; www.terrassedesepices.com ⏰ tägl. 9–23 Uhr

Yacout €€€

Eine lokale Institution und mit Sicherheit in jedem Restaurantführer Marrakechs, aber nicht immer so gut, wie ihr Ruf verspricht. Das nach dem nahe gelegenen Stadttor Bab Yacout benannte Lokal liegt im nordöstlichen Bereich der Medina. Es ist luxuriös und weitläufig, auf vier Etagen verteilt, besitzt einen Pool, eine Dachterrasse und anheimelnde Sitzecken. Starten Sie mit einem Aperitif (im Preis inbegriffen) auf der Terrasse, bevor Sie sich das dreigängige Menü vornehmen. Reservierung unbedingt erforderlich.

✚ 164 A3 ✉ 79, Derb Sidi Ahmed Soussi, Bab Doukkala ☎ 024 38 29 00 ⏰ Di–So 19 Uhr bis spätnachts

Le Tobsil €€€

Von den Restaurants mit festgelegtem Menü inklusive Getränken, Aperitif und musikalischer Begleitung ist dieses eines der besten. Die Bestuhlung im Innenhof und in den Galerien ist vielleicht etwas eng, aber zum Abendessen ist dieser Ort sehr beliebt. Bringen Sie etwas Zeit mit. Typisch marokkanisch wird als Vorspeise eine Auswahl vegetarischer *meze* serviert. Als nächstes kommt die traditionelle, auf der Zunge zergehende Taubenpastete und anschließend eine sättigende *tajine* (mit Huhn oder Lamm) mit Couscous. Wenn Sie noch können, beenden Sie Ihr Essen mit einem starken Kaffee und süßem Gebäck.

✚ 164 B1 ✉ 22, Derb Abdellah Ben Hessaien, R'mila Bab Ksour ☎ 024 44 15 23 ⏰ Mi–Mo 20–23.30 Uhr

Wohin zum ...
Einkaufen?

Während das Einkaufen in den südlicheren Souks hektisch sein kann, sind die Geschäfte in diesem Teil der Medina ruhiger. Auf der Rue Dar El Bacha, die zu den belebtesten Straßen hier gehört, sind die Antiquitätenläden versammelt. Wenn Sie etwas Ausgefallenes suchen, gehen Sie zum faszinierenden Lebensmittelmarkt am Bab Doukkala oder auf den Flohmarkt, *marché aux puces*, im Souk El Khemis, jenseits der nördlichen Stadtmauer.

Der Flohmarkt findet unter freiem Himmel im **Souk El Khemis** (beim Bab El Khemis Tor, Do und So 8–12 Uhr) statt. Kommen Sie früh, wenn Sie Schnäppchen suchen. Rechnen Sie damit, dass Sie wertloses Zeug durchwühlen müssen, um außergewöhnliche oder altmodische (selten antike) Schätze zu finden.

Der tägliche Lebensmittelmarkt am **Bab Doukkala** (Rue Bab Doukkala) ist bunt und unterhaltsam, egal ob Sie einkaufen oder sich nur umschauen. Zwischen Karren mit frischer Minze, blutigen Schafsköpfen und Haufen von knackigem Gemüse, prüfen Einheimische die Ware genau, scherzen und schachern mit den Verkäufern.

Der französische Buchladen **Librairie Dar El Bacha** (2, Rue Dar El Bacha, Tel. 024 39 19 73/ 61 58 16 54; www.darelbacha.com, tägl. 9–17 Uhr, gelegentliche Abendveranstaltungen) ist auf Kunst, Literatur und Kultur spezialisiert und ein kleines Kulturzentrum.

Die **Kunstgalerie Khalid** (14, Rue Dar El Bacha, Tel. 024 44 24 10, tägl. 9–20 Uhr, freitags vormittags geschlossen) stellt eher Antiquitäten aus, wobei die Bezeichnung »antik« mit Vorsicht zu genießen ist, dennoch lohnt ein Besuch. Der Laden voller Lampen, Schmuck, Textilien und Teppiche ist leicht an den Fotos internationaler Prominenter an der Tür erkennbar.

In der kleinen, hübschen **Librairie du Musée de Marrakech** (Place Ben Youssef, Tel. 024 44 18 93, tägl. 9–18.30 Uhr) finden Sie Ausstellungskataloge, Kunst- und Kochbücher, T-Shirts und Postkarten.

Aswak Assalam (Avenue du 11 Janvier, außerhalb und gegenüber der Rue Bab Doukkala) ist ein kleiner Supermarkt, der marokkanische Erzeugnisse verkauft. In der Nähe der Medina finden Sie hier das Lebensnotwendige, Alkohol ist allerdings nicht im Sortiment.

Mustapha Blaoui (142–144, Bab Doukkala, Tel. 024 38 52 40, tägl. 8.30–20.30 Uhr, freitags vormittags geschlossen) ist ein kleiner Laden, der mit preiswerter Keramik, Laternen und Lederpuffs vollgestopft ist, aber auch teure Möbel und Antiquitäten führt.

Kifkif (1, Rue des Ksours, Bab Laksour, Tel. 061 08 20 41; www.kifkifbystef.com) hat Designgegenstände für eine internationale Klientel: farbenfrohe und sorgfältig bestickte marokkanische Textilien mit dem gewissen Etwas.

La Qoubba (91, Souk Talaa, Tel. 024 38 05 15; www.art-gallery-marrakech.com) ist eine alteingesessene Kunstgalerie in der Nähe des Marrakech Museums mit einer Sammlung und Wechselausstellungen marokkanischer und internationaler Kunst.

La Porte d'Or (115, Souk Semmarine, Tel. 024 44 54 54) hat eine Auswahl ausgesuchter Antiquitäten, wunderschön geschnitzte Türen, und traditionelle Berberteppiche.

Wohin zum … Ausgehen?

Außerhalb der *riads* und Hotels gibt es praktisch kein Nachtleben. Die hart arbeitenden Bewohner dieses traditionellen marokkanischen Wohnviertels haben wenig Freizeit. Einige wenige verstreute Bars und kulturelle Treffpunkte (Dar Bellarj und Dar Cherifa, ➤ 105, 106), bieten manchmal Abendveranstaltungen an. Kommen Sie tagsüber für einen Kochkurs hierher oder besuchen Sie den Cyber Park.

Al'anbar

Lounge, Bar, Diskothek, Restaurant und Bauchtänzerinnen. Was wollen Sie mehr? Außerdem ist es einer der wenigen Orte in der Nördlichen Medina (abgesehen von den *riads*), die eine Alkohollizenz haben. Am Wochenende und an manchen Werktagen Live DJs.

✚ 164 A1 ✉ 47, Rue Jbel Lakhdar ☎ 044 38 07 63; www.alanbar-marrakech.com ⊕ meist 19–2 Uhr

Ministerio del Gusto

Das »Ministerium des Geschmacks« ist eine schillernde, ungeniert postmoderne Galerie, die ein breites Spektrum aktueller Designtrends präsentiert. Mal zeigt sie Möbelunikate, mal eine Kollektion klassischer Mode. Sie können Möbel anfertigen lassen oder aus dem großen Angebot an *objets d'art* wählen.

✚ 168 C5 ✉ 22, Derb Azzouz, Mouassine ☎ 024 42 64 55; www.ministerodelgusto.com ⊕ Mo–Sa 9–12, 16–19 Uhr

Cyber Parc Arsat Moulay Abdeslam

Der königliche Garten mit uraltem Palmenbestand wurde u. a. von Philips und Microsoft zu einem »Cyber Park« umgewandelt. Im 8 Hektar großen Park ist WLAN verfügbar und es gibt ein Haus mit Internetterminals, die allerdings nicht immer betriebsbereit sind. Sie treffen hier Einheimische, die den verstopften Straßen entfliehen und durch die wunderschön angelegte moderne Gartenanlage spazieren oder sich an den Springbrunnen und im Schatten der Orangenbäume entspannen wollen.

✚ 167 E4 und F4 ✉ Avenue Mohamed V (Eingeng gegenüber Ensemble Artisanal) ☎ kein Telefon; www.arsatmoulayabdeslam.ma ⊕ tägl. 9–19 Uhr ✋ frei

KOCHKURSE

Riad Enija

Ein-Tages-Kurse, die speziell auf Ihre Fragen eingehen: Erfahren Sie, wie lockeres Couscous zubereitet wird oder wie man Gewürze auswählt. Nach dem Besuch auf dem Gewürzmarkt erhalten Sie eine private Kochstunde in der Küche des *riads*. Das Riad Enija Kochbuch enthält wunderschöne Fotografien und inspirierende Rezepte für Menüs. Der Kurs ist sehr empfehlenswert, denn die kleinen Gruppen und die unterhaltsame Anleitung machen ihn zu einem besonderen Erlebnis. Jeder kann mitmachen, aber auch hier ist es ratsam, vorab zu buchen.

✚ 164 C2 ✉ 9, Derb Mesfioui, Rahba Lakdima ☎ 024 440 926; www.riadenija.com

La Maison Arabe

Die Workshops finden im zauberhaften Garten einer Villa statt, die 20 Minuten außerhalb der Medina liegt. Es soll in erster Linie Spaß machen, die Teilnehmer dürfen ihre Kreationen mittags verspeisen. Kleine Gruppen und jede Menge Anregungen und Einkaufstipps für Gewürze und *tajine*-Töpfe.

✚ 163 F3 ✉ 1, Derb Assehbé, Bab Doukkala ☎ 024 38 70 10; www.lamaisonarabe.com ⊕ Kurse: 10–16 Uhr

Neustadt

Erste Orientierung

★ **Nicht verpassen!**

1 Jardin Majorelle und Musée d'Art Islamique ► 116

2 Guéliz ► 118

3 Jardin Ménara ► 120

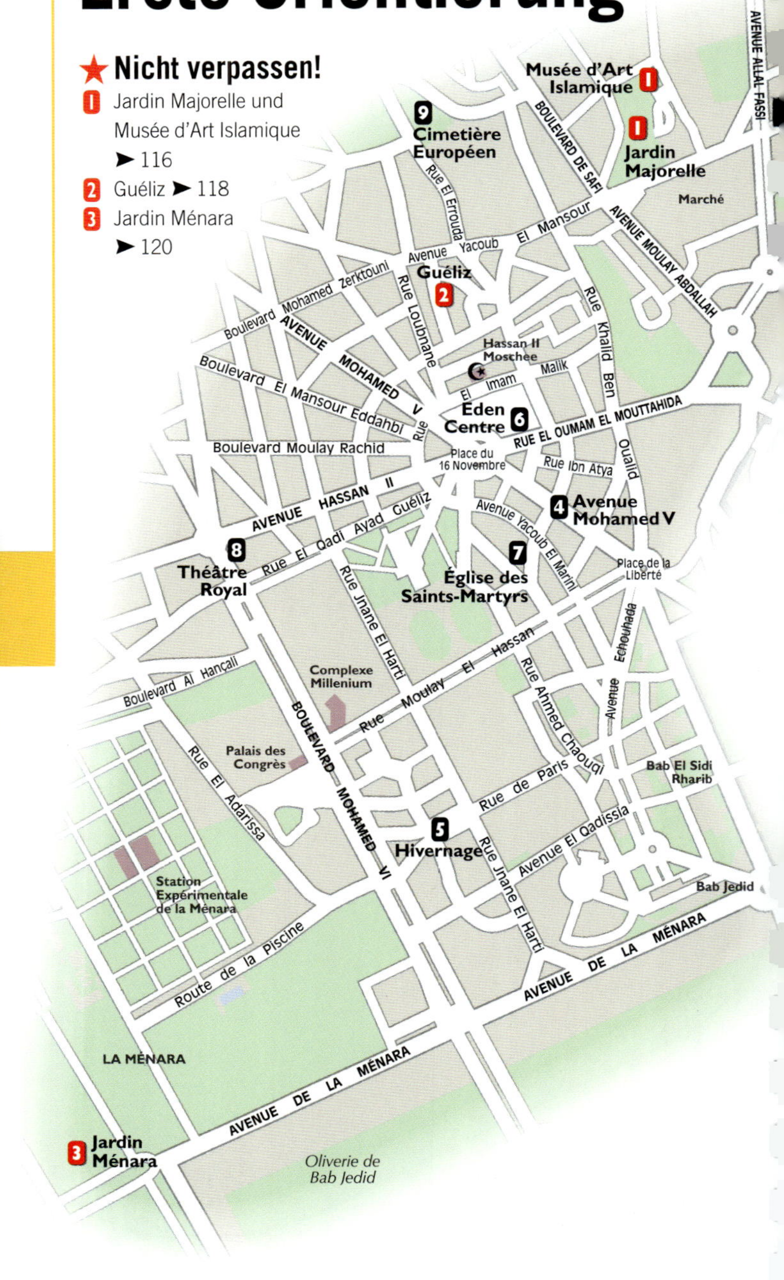

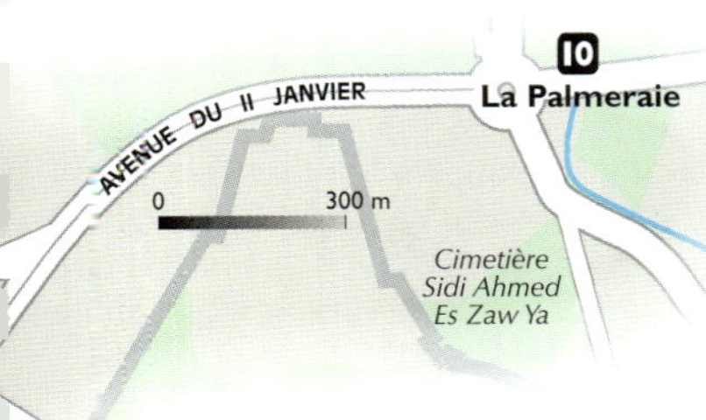

Nach Lust und Laune!

Nur einen Steinwurf von der alten Medina begegnen Sie einer europäisch-marokkanischen Urlaubsatmosphäre. Die zwei bemerkenswertesten Parks Marrakechs liegen hier sowie eine Reihe schicker Boutiquen und Restaurants, wie man sie aus Paris oder Rom kennt.

Die Ville Nouvelle oder Neustadt mit ihren breiten, begrünten Prachtstraßen wurde von den Franzosen zwischen 1912 und 1956 erbaut. Genau genommen umfasste sie Guéliz und Hivernage, doch inzwischen dehnt sie sich über La Palmeraie und weiter aus. In La Palmeraie und dem ganzen Umland Marrakeschs lassen internationale Unternehmen Palmenwälder und Buschland für groß angelegte Freizeitparks mit Casinos und Nachtclubs roden – Teil des Entwicklungsplans des Königs für das 21. Jh. Marrakesch zeigt sich hier von seiner modernsten Seite.

Unten links:
Sonnenuntergang im Jardin Ménara

Unten rechts:
Théâtre Royal, Guéliz

An einem Tag

Wenn Sie sich nicht entscheiden können, wo Sie Ihre Tour durch die Neustadt starten sollen, finden Sie hier praktische Vorschläge für einen angenehmen Tagesablauf, der Sie auch zu einigen der Sehenswürdigkeiten der vorherigen Karte führt. Erklärungen stehen bei den Haupteinträgen.

8 Uhr

Der Weg zu Fuß zum **❶ Jardin Majorelle** (➤ 116) ist kein Vergnügen, nehmen Sie lieber eine Kutsche oder ein Taxi. Wenn Sie früh starten, können Sie den Park genießen, bevor die Besucherscharen eintreffen.

9 Uhr

Nach einem Spaziergang in dieser grünen Oase können Sie im reizenden Park-Café frühstücken (➤ 125).

10 Uhr

Besuchen Sie unbedingt das **❶ Musée d'Art Islamique** (rechts; ➤ 116) im Jardin Majorelle. Der Eintritt kostet extra, aber der Besucherandrang ist hier geringer als im Park, sodass Sie in Ruhe die Exponate islamischer Kunst betrachten können.

10.30 Uhr

Nehmen Sie ein Taxi am Stand vor dem Jardin Majorelle und fahren Sie zum Place du 16 Novembre an der **❹ Avenue Mohamed V** (➤ 122), der pulsierenden Hauptgeschäftsstraße von **❷ Guéliz** (➤ 118).

10.45 Uhr

Entdecken Sie das euro-
päische Gesicht Marra-
kechs in den Straßen von
Guéliz. Auf der Avenue
Mohamed V gibt es im-
mer mehr internationale
Ladenketten.

11.30 Uhr

Unterbrechen Sie Ihren
Kaufrausch mit einer
Kaffeepause im **Grand
Café de la Poste** (➤ 125),
eine gute Adresse an
der Avenue Mohamed V.
Hier erleben Sie die echte

Kaffeekultur Marrakechs. Vielleicht bleiben Sie hier bis zum Mittagessen,
dann empfiehlt sich eines der herzhaften Gerichte.

12.15 Uhr

In den kleinen Straßen, die von der Avenue Mohamed V abgehen, wie
z. B. die Rue de la Liberté, gibt es viele kleine Geschäfte (oben), in denen
Sie schöne marokkanische Souvenirs und Wohndekor für zuhause finden
können.

13.30 Uhr

Arbeiten Sie sich durch bis zum **Kechmara** (➤ 125). In diesem hellen
und gestylten Restaurant stehen Salat mit Ziegenkäse und Sandwich mit
Roastbeef auf der Karte. Nehmen Sie sich noch Zeit für einen Tee und
ein Stück Kuchen.

15 Uhr

Gehen Sie zu Fuß oder nehmen Sie ein Taxi zum **8 Jardin Ménara** (➤ 120).
Im Nachmittagslicht ist der Garten sehr fotogen und die Sonnenuntergänge
sind betörend, aber die Abendveranstaltungen sind weniger überzeugend.

17 Uhr

Legen Sie eine Verschnaufpause im Hotel ein, bevor Sie sich ins Nachtleben
stürzen. In der Neustadt können Sie die Nacht durchfeiern. Gehen Sie im
Le Comptoir oder im Jad Mahal in **5 Hivernage** (➤ 122) essen und danach
in einen der glitzernden Nachtclubs in **10 La Palmeraie** (➤ 123).

❶ Jardin Majorelle und Musée d'Art Islamique

In dieser kühlen blauen Oase der rosaroten Wüstenstadt können Sie in den schön angelegten Parkanlagen unter hohen Palmen Energie tanken und sich zugleich kulturell bilden. Die revolutionäre kornblumenblaue Farbe, in der die Mauern des 1947 eröffneten Parks gehalten sind, wurde als »Majorelle bleu« bekannt. Das kleine Museum islamischer Kunst im ehemaligen Atelier zeigt die Privatsammlung Yves Saint Laurents und die Kunst des französischen Malers Jacques Majorelle, der hier lebte.

Jacques Majorelle (1886–1962) malte dezente, eher düstere Aquarelle, sein Vater Louis stellte Möbel her. Ihr beeindruckendstes Werk ist jedoch dieser gemeinsam gestaltete Garten. Nach dem Tod von Jacques Majorelle verwilderte der Garten, bis er 1980 von einem Nachbarn, dem Modemacher Yves Saint Laurent, gekauft wurde. Als dieser 2008 verstarb, wurde seine Asche in dem von ihm innig geliebten Garten verstreut.

Am Eingang empfängt Sie ein plätschernder Brunnen und ein raschelnder Bambuswald. Rechter Hand haben Sie einen unvergleichlichen Blick auf einen Seerosenteich wie bei Monet. Im Garten sind Pflanzengattungen aus aller Welt versammelt, u. a. Kakteen, Bambus und Palmen. Die schattigen Bänke laden zum Verweilen ein. Immer wieder stoßen Sie auf blaue Blumentöpfe aus Terrakotta und umherwandernde Schildkröten. 15 Vogelarten leben hier, darunter weißbrüstige Fliegenschnäpper, hübsche Turteltauben und Turmfalken.

Die Gestaltung des Jardin Majorelle folgt den im Koran definierten Regeln für islamische Gärten. Geschützt durch Mauern ist das zentrale Wasserbecken von saftigem Grün und schlichter Architektur umgeben. Versuchen Sie morgens früh zu kommen, um dieses friedliche irdische Paradies zu erleben, bevor der Besucherrummel beginnt.

Rechts: Der einst von Jacques und Louis Majorelle gestaltete Garten wurde von Yves Saint Laurent wieder in Schuss gebracht

Musée d'Art Islamique

Am Eingang zum Museum wird gesondert Eintritt kassiert. Dieses kleine, moderne Museum im Haus Majorelle wird leicht übersehen, aber seine private und sehr persönliche Sammlung islamischer Kunst sollten Sie sich nicht entgehen lassen. Die fast spirituell anmutende Sammlung von Kunst und Kunsthandwerk ergänzt die Gärten perfekt und ist ein schöner Kontrast zur Konsumwelt der Neustadt.

Früher befand sich in diesem Haus das Atelier Majorelles, ein märchenhafter Ort der Kreativität und Inspiration inmitten des ruhigen Gartens. Auch Yves Saint Laurent fühlte sich von dieser Stadt inspiriert und hat ihre Formen und Farben in seine Kollektionen aufgenommen. Die geometrischen Muster islamischer Architektur und die bunten Gelb-, Orange-, Violett- und Blau-Töne Marokkos sind sein Markenzeichen.

Das heutige Museum will die Kultur des Islam zeigen, die den großen Künstler Majorelle und auch den weltberühmten Modemacher inspiriert hat. Es gibt wohl keinen besseren Weg, die Mischung aus dem extravagantem Modebewusstsein des Franzosen und der ernsten, detaillierten Arbeit muslimischer Künstler zu veranschaulichen, als die private Kunstsammlung Saint Laurents zusammen mit traditionellem marokkanischen Kunsthandwerk zu zeigen.

In der Ausstellung spürt man eine tief empfundene Wertschätzung der einheimischen Kultur. Die vier Räume enthalten antiken Berberschmuck, geschnitzte Türen, feine Stickereien, kostbare Textilien und mittelalterliche Handschriften neben Lithografien und Gemälden Majorelles, die Marrakech und seine Umgebung zeigen.

KLEINE PAUSE

Ein reizendes Innenhof-Café (► 125) vor Ort bietet leckere Säfte, Snacks und Sandwichs an.

✚ 163 E5 ✉ Avenue Yacoub El Mansour, Guéliz
☎ 024 30 18 52; www.jardinmajorelle.com
🕐 Juni–Sep. tägl. 8–18 Uhr; Okt.–Mai 8–17 Uhr
🍴 Café ✋ teuer, extra Eintritt für das Museum: mittel

JARDIN MAJORELLE UND MUSÉE D'ART ISLAMIQUE: INSIDER-INFO

Top-Tipps: Nehmen Sie sich am Eingang den Plan des Gartens mit, auf dem Sie die Lage des Cafés und des Museums sehen.

■ Genießen Sie die Ruhe auf einer der schattigen Bänke im Garten.
■ Fahren Sie vom Place Foucauld in der Medina mit einer Kutsche oder einem Taxi hierher.

Außerdem Machen Sie einen Abstecher auf die andere Seite der Neustadt zu einem Park ganz anderer Art, dem Jardin Ménara (► 120). Hier können Sie ein Picknick mit Blick auf das Atlasgebirge machen.

2 Guéliz

Die netten kleinen Läden, Cafés und Restaurants in diesem Viertel liegen dicht beieinander und sind am besten zu Fuß zu entdecken (Spaziergänge, ➤ 136). Hier präsentiert sich ein mutiges neues Marrakech.

Das Wort Guéliz (Aussprache: »Gelies«) leitet sich von einem der ersten Häuser ab, das hier zu Beginn des 20. Jhs. erbaut wurde, einer Kirche (église). Früher übernachteten die meisten Touristen hier oder in Hivernage, doch mit dem Boom der *riads* in den 1990er-Jahren kamen die Logisgäste in die vorher verwahrloste Medina zurück. Guéliz hat Tag und Nacht immer noch viel zu bieten. Einheimische Jugendliche treffen sich mit ihren Rollern bei McDonalds, Damen schwirren in der Mittagspause von einer Boutique in die nächste, die französischen Restaurants sind Spitzenklasse. Es gibt hier sogar Fußgängerüberwege, doch die sind in Marrakech so ungewohnt, dass sie niemand benutzt.

Mode und hedonistisches Vergnügen

In der Neustadt verkaufen junge Modemacher coole *jellabahs* (Kaftane mit Zipfelmütze) in Tarnfarben und hochwertigen Modeschmuck. Sie finden hier schicke Taschen aus dem Leder der Gerbereien (➤ 102) und die traditionellen Laternen in zeitgenössischer Ausführung. Lesen Sie das Kapitel »Wohin zum Einkaufen?« (➤ 126), bevor Sie die Geschäfte in Guéliz abklappern.

Oben: Schöne Armreifen und **bunte Stiefel von Michelle Baconnier in Guéliz**

   Guéliz hat kaum Sehenswürdigkeiten, aber vielleicht sehnen Sie sich nach der verwirrenden und exotischen Medina nach hellen modischen Boutiquen und Lokalen. Besuchen Sie die Cafés und frankophilen Brasserien, die wir in »Wohin zum Essen und Trinken?« (➤ 124) zusammengestellt haben.

KLEINE PAUSE

Kechmara (➤ 125) ist ein perfekter Zwischenstopp, wenn Sie auf dem Einkaufstrip sind. Hier kriegen Sie starken Kaffee, ein leckeres Mittagessen und leichte Abendkost.

✚ 162 C4

Unten: Das Guéliz-Viertel ist voller Läden und Boutiquen in europäischem Stil

GUÉLIZ: INSIDER-INFO

Top-Tipps: Sonntags sind die meisten Geschäfte geschlossen. Denken Sie auch daran, dass viele Läden über Mittag bis 15.30 Uhr geschlossen sind und danach bis 19 Uhr geöffnet haben.

■ Guéliz ist zwar nicht weit von der Medina entfernt, aber der Weg dorthin ist staubig und laut. Nehmen Sie lieber ein Taxi oder eine Kutsche.

❸ Jardin Ménara

Ménara ist von *minzah* abgeleitet und bedeutet »Pavillon« oder auch »schöne Aussicht«. Der riesige künstliche See, der vor dem Atlasgebirge wie ein Badesee für antike Gottheiten anmutet, und sein Pavillon sind das Herz des Ménara Gartens.

Am schönsten ist die Aussicht im Winter und Frühling, wenn die schneebedeckten Gipfel zu sehen sind (zwischen Mai und September verschwinden sie meist im Dunst). Es heißt, dies sei ein romantisches Ausflugsziel der Sultane mit ihren Geliebten gewesen, heute sieht man hier viele Paare am Ufer spazieren. Von einem besonders jähzornigen Sultan wird berichtet, dass er regelmäßig Gäste in den See werfen ließ. Heute wird die Wasserwelt nur durch Insekten fangende Fische oder ins Wasser geworfenes Futter irritiert.

Königliches Refugium

Die Gärten wurden im 12. Jh. von den Almohaden als Zuflucht der Sultane vor der sengenden Sommerhitze angelegt. Während der jahrhundertelangen Herrschaft der Mereniden, die Fès zur Hauptstadt machten, wurden sie extrem vernachlässigt. Der Pavillon wurde im 19. Jh. als Ersatz für einen 300 Jahre älteren aus der Dynastie der Saaditen erbaut. In dieser von Menschen angelegten Oase, in der Ackerbau betrieben wurde, stellte der Pavillon ein königliches Schmuckstück dar.

Der Blick aus seiner oberen Etage auf das Atlasgebirge ist die Attraktion des Gartens. Abends, wenn sich die Luft abkühlt und die Besuchermassen abklingen, gibt der Sonnenuntergang dem Garten ein unvergleichlich romantisches Flair.

Die technische Seite des Sees

Als der künstliche See im 12. Jh. angelegt wurde, regierte Marrakech den größten Teil Nordafrikas. Das ausgeklügelte Leitsystem unterirdischer Wasserwege, die so genannten

JARDIN MÉNARA: INSIDER-INFO

Top-Tipps: Der Eintritt für den Pavillon ist gering und lohnt sich wegen der Aussicht auf das Atlasgebirge von der oberen Terrasse.

■ Erwarten Sie keinen traditionellen europäischen Garten, genießen Sie stattdessen dieses einzigartige und romantische Ambiente.

■ Die beste Zeit für den Besuch ist am späten Nachmittag.

Außerdem Besuchen Sie auch den Jardin de l'Agdal (► 76), der ebenfalls von den Herrschern der Almohaden im 12. Jh. angelegt wurde.

Muss nicht sein! Es lohnt sich nicht, eigens auf die Klang- und Lichtshow zu warten, die an vier Abenden in der Woche veranstaltet wird.

khettaras, führte Wasser aus den 30 km entfernten Bergen herbei. Der See speist sich immer noch aus dem alten hydraulischen System, durch das die umliegenden Olivenhaine mitbewässert werden, die zwischen Oktober und Januar ihre Ernte abwerfen.

Der Pavillon im Jardin Ménara vor der Kulisse des Atlasgebirges

Bei der Landung

Der Flughafen Menara ist nach dem Garten benannt und liegt genau östlich davon. Wenn Sie bei Tageslicht ankommen, können Sie kurz vor der Landung das riesige rechteckige Becken überschauen. Die 1 km lange Avenue de la Ménara führt geradewegs vom Garten zur westlichen Seite der Medina.

KLEINE PAUSE

Etwas unterhalb des Sees gibt es ein angenehmes Café. Sie können auch wie die Einheimischen ein Picknick mitbringen. Sonntagnachmittags ist der Garten eine kostenlose Zuflucht aus dem Chaos der Stadt. Im Gegensatz zu den anderen Gärten Marrakechs, und auch dem Jardin Majorelle (► 116), den man unbedingt gesehen haben muss, ist picknicken hier erlaubt.

✚ 166 A1　✉ Avenue de la Ménara, Hivernage　☎ kein Telefon
🕐 tägl. 8.30–Sonnenuntergang　🍴 Café　✋ Garten frei, Pavillon preiswert
❓ Show mit Klang und Licht

Nach Lust und Laune!

❹ Avenue Mohamed V

Diese breite Prachtstraße ist das Rückgrat von Guéliz und verbindet die Neustadt mit der Medina. Sie ist mit Geschäften, Cafés und Restaurants gesäumt, in den Seitenstraßen nördlich des Place du 16 Novembre gibt es Boutiquen und Galerien. An klaren Tagen können Sie die hoch aufragende Koutoubia Moschee der Medina und dahinter das Atlasgebirge sehen.

✠ 163 D2

❺ Hivernage

Dieses exklusive Wohngebiet westlich der Medina ist für seine weitläufigen Villen und seine internationalen Fünf-Sterne-Hotels bekannt. Seit sich das moderne Leben Marrakechs mit Spitzenhotels und Freizeitangeboten hauptsächlich in La Palmeraie entfaltet, ist Hivernage etwas ins Hintertreffen geraten. Wer heute zum Essen und Ausgehen hierher kommt, landet nach dem Weg vorbei am nicht mehr genutzten Palais des Congès zum Jardin Ménara (➤ 120) wahrscheinlich im Le Comptoir (➤ 124). ✠ 167 D3

❻ Eden Centre

Der überdachte Zentralmarkt auf der Avenue Mohamed V, nordwestlich vom Place du 16 Novembre, war einst der zentrale öffentliche Treffpunkt der Einheimischen. Auf diesem Straßenmarkt, der aus den 1920er-Jahren stammte, wurden Lebensmittel, Blumen und sogar Alkoholika verkauft. In einer Nacht- und Nebelaktion wurde er im Jahr 2005 abgerissen, um für das Eden Centre Platz zu machen, einer millionenschweren Shopping Mall mit Luxusappartements und Tiefgarage. Sie finden dieses weniger charmante, neue Einkaufszentrum in der Rue Ibn Toumert, Ecke Avenue des Nations Unies, nicht weit vom Place du 16 Novembre.

✠ 162 C3 ✉ Avenue Mohamed V, Place du 16 Novembre, Guéliz

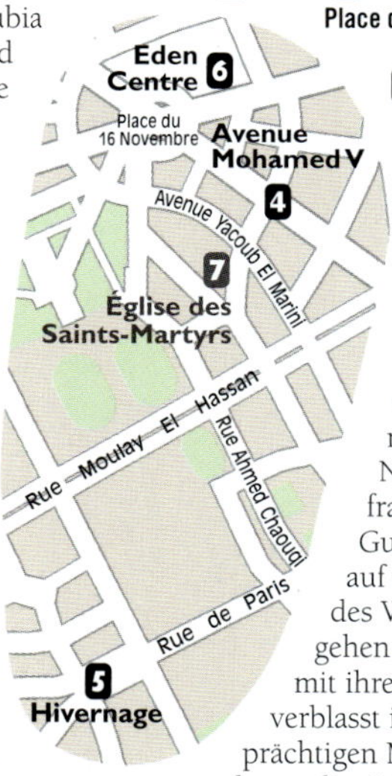

❼ Église des Saints-Martyrs

Die katholische Kirche der heiligen Märtyrer liegt direkt an der Avenue Mohamed V. Sie ist eines der ältesten Gebäude der Neustadt und wird von einer kleinen Gemeinde genutzt. Der Name des ursprünglich französischen Viertels Guéliz soll angeblich auf eine Verballhornung des Wortes *église* zurückgehen. Die schlichte Kirche mit ihrem einfachen Turm verblasst im Vergleich zu den prächtigen Minaretten der Moscheen, die sich überall in dieser

FRANZÖSISCHES FLAIR

Die französische Kolonialzeit ist in Marrakech unübersehbar, am deutlichsten wird sie in der Neustadt. Sie erkennen sie an:

- Den breiten, prächtigen Alleen in Guéliz und Hivernage.
- Einer genussfreudigen Schickeria, die sich ständig selbst neu erfindet.
- Der kulinarischen Tradition, die sowohl in den alteingesessenen Restaurants als auch in den gestylten Brasserien gepflegt wird.

Kamelreiten in La Palmeraie

überwiegend muslimischen Stadt erheben.

✝ 163 D2   ✉ Rue El Imam Ali, Guéliz
☎ 024 43 05 85   ◷ Gottesdienst: So 12 Uhr

⑧ Théâtre Royal

Der marokkanische Architekt Charles Boccara entwarf das königliche Theater mit seinem prächtigen Portikus und der Kuppel. In dem 2001 eröffneten Theater geben auch internationale Stars Gastspiele, mehrmals jährlich werden Konzerte der Marokkanischen Philharmonie gegeben. Im Freiluft-Amphitheater mit seinen 1200 Sitzen werden zusätzliche Theaterstücke, Opern und Tanzperformances aufgeführt. Außerdem finden ganzjährig verschiedene Ausstellungen statt. Besorgen Sie sich den Jahresplan der Veranstaltungen bei der Touristeninformation am Place Abdelmoumen Ben Ali, Guéliz (➤ 32).

✝ 162 E2   ✉ 40, Boulevard Mohamed VI,
Guéliz   ☎ 024 43 15 16

⑨ Cimetière Européen

Der europäische Friedhof in der Rue Erraouda ist in der konsumfreudigen Neustadt ein eher trister Ort, an dem einstige Kolonisten und ihre Nachfahren begraben sind. Das gepflegte Grundstück ist mit einer Mauer umgeben und enthält neben Mausoleen einen weißen Obelisken zum Gedenken an die Gefallenen des Zweiten Weltkriegs.

✝ 162 C5   ✉ Rue Erraouda

⑩ La Palmeraie

Im 12. Jh. wurde hier in der Wüste eine Dattelpalmen-Plantage angelegt, die dank des perfekten Bewässerungssystems florierte. Heute ist La Palmeraie ein Mischmasch aus Luxusvorort und staubigen Baustellen.

Das marokkanische Beverly Hills lockt mit Nobelhotels und extravaganten Villen eine betuchte einheimische und internationale Klientel an. Wer sich nicht dazu zählt, kann natürlich trotzdem ein paar Runden auf einem der wie Pilze aus dem Boden schießenden Golfplätze absolvieren oder sich in einem der feinen Restaurants und Nachtclubs sehen lassen.

✝ 164 C5   ✉ La Palmeraie

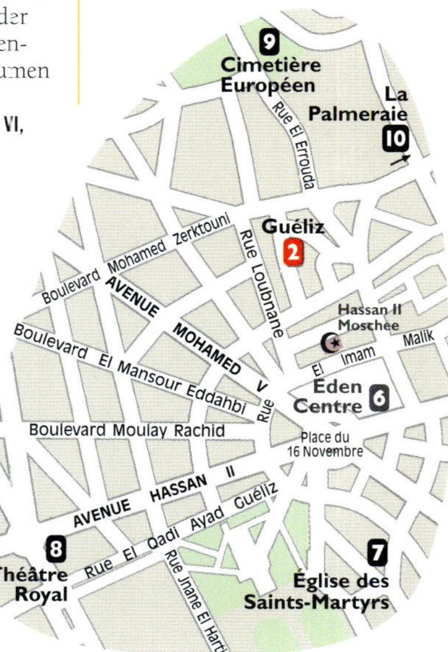

Wohin zum ...
Essen und Trinken?

Preise
Die Preise gelten pro Person für ein Essen ohne Getränke (➤ 38):
€ unter 10 Euro   €€ 10–20 Euro   €€€ über 30 Euro

L'Abyssin €€€

Dieses glamouröse und extavagante Restaurant übertreibt jeden Luxus ungeniert. Es vefügt über eine Freiluft-Cocktailbar und schwimmende Liegen im Pool; die Beckhams kämen sicher hierher, wenn sie in der Stadt wären. Gruppen werden in weißen Zelten bewirtet, Paare dinieren bei Kerzenschein am Pool. Hier kommt man weniger wegen der *nouvelle cuisine* als wegen des Ambientes her.
✚ außerhalb Karte ✉ Km 6, Palais Rhoul, Route de Fès, La Palmeraie ☎ 024 32 85 84; www.restaurant-labyssin.com
◷ tägl. 19 Uhr bis spätnachts

Bagatelle €€

Eine traditionelle, familiengeführte Brasserie, die einige Überraschungen bietet. Hier wird seit 1949 französische Kost serviert. Der Besitzer weigert sich, irgendein Gericht von der Originalkarte seiner Großmutter zu streichen, fügt aber immer wieder neue hinzu. Ziehen Sie sich auf die mit Wein bewachsene Terrasse zurück und schlemmen Sie Gans oder Steak. An kühleren Abend suchen Sie sich ein Plätzchen am Kamin.
✚ 162 B3 ✉ 101, Rue de Yougoslavie, Guéliz ☎ 024 43 02 74 ◷ Do–Di 12–14.30 Uhr, 19–24 Uhr

Bô-Zin €€€

Eine von Marrakechs besten Adressen finden Sie in diesem Bar-Restaurant, etwa 15 Minuten mit dem Taxi außerhalb. Die Küche ist thailändisch inspiriert, bietet aber auch italienische und französische Gerichte. Kommen Sie hierher, um im wunderschönen Garten zu essen und bis zum Morgengrauen durchzumachen. Ziehen Sie das beste an, was Sie dabei haben. Reservierung unbedingt erforderlich.
✚ außerhalb Karte ✉ Douar Lahna, Km 3.5 Route de l'Ourika ☎ 024 38 80 12; www.bo-zin.com ◷ tägl. 19 Uhr–spätnachts

Café du Livre €

Hier lebende Ausländer und erschöpfte Touristen schmökern im »Café des Buchs« in Büchern und Zeitschriften oder surfen via WLAN im Internet. Die leichten, internationalen Speisen hat der Zwei-Sterne-Koch Richard Neat zusammengestellt. Kommen Sie auf eine Pause, wenn Sie Abwechslung von der marokkanischen Küche suchen.
✚ 162 C3 ✉ 44, Rue Tarik Ibn Ziyad, Guéliz (Eintritt über das Hotel Toulousain) ☎ 024 43 21 49; www.cafedulivre.com ◷ Mo–Sa 9.30–21 Uhr

Café Extrablatt €–€€

Ein erfolgreiches deutsches Franchise-Unternehmen betreibt Café, Bar, Restaurant und Disko unter einem Dach. Kommen Sie morgens auf einen Kaffee auf der Terrasse, vor dem Abendessen auf einen Cocktail in der Artemis Lounge des italienischen Restaurants oder später zum Tanzen ins Be One.
✚ 163 E1 ✉ Ecke Avenue Echouhada und Rue El Qadissia, neben dem Le Comptoir, Hivernage ☎ 024 43 48 43 ◷ Café Extrablatt: tägl. 7–24 Uhr; Artemis Lounge und italienisches Restaurant: tägl. 18–1 Uhr; Be One: tägl. ab 23 Uhr

Le Comptoir €€€

Le Comptoir bietet Ihnen ein kulinarisches Erlebnis, das die gewohnte *nouvelle cuisine* toppt. Nicht zuletzt wegen seiner hochkarätigen Bauchtanzvorführungen zählt es zu den besten Adressen der Stadt. Die Gäste putzen sich gerne heraus, auch wenn es keine Kleiderordnung gibt. Lassen Sie sich einen Tisch im Hauptraum geben, um die Tänzerinnen gut sehen zu können und eventuell mit auf den Tisch zu springen. Reservierung unbedingt erforderlich.

✠ 163 E1 ✉ Avenue Echouhada, Hivernage ☎ 024 43 77 02; www.comptoirdarna.com ◷ tägl. 19 Uhr bis spätnachts; Bauchtanz tägl. ab 22.30 Uhr

Grand Café de la Poste €€

Das Café wurde 1925 erbaut und geschmackvoll im Stil einer Pariser Brasserie renoviert. Auf der luftigen Terrasse bekommen Sie unter weißen Sonnenschirmen Tag und Nacht Kaffee und Salate serviert oder Sie versinken bei Live-Jazzmusik mit einem Cocktail in einem roten Samtsofa und lassen sich ein goldbraun gebratenes Hähnchen oder eine zarte Entenbrust schmecken. Das Essen und der Service sind vorbildlich und machen es schwer zu gehen.

✠ 162 C3 ✉ Ecke Boulevard El Mansour Eddahabi und Rue El Imam Malik, Guéliz ☎ 024 43 30 38; www.grandcafedelaposte. com ◷ tägl. 8–1 Uhr

Jardin Majorelle Café €

Mitten im Jardin Majorelle (▶ 116) finden Sie dieses hübsche Terrassen-Café voller bunter Bougainvillea. Lassen Sie sich zu geeister Milch mit Orangenblüten, traditionell gemachter Limonade und kalter Gazpacho verführen oder zu Schokoladen-Crêpes und Bananen Split.

✠ 163 E5 ✉ bei der Avenue Yacoub El Mansour, Guéliz ☎ 024 30 18 52; www.jardinmajorelle.com ◷ Juni–Sep. tägl. 8–18 Uhr; Okt.–Mai 8–17 Uhr

Kechmara €–€€

Beginnen Sie den Tag mit Orchideen-Oolongtee und köstlichen, mit Früchten gefüllten Crêpes. Mittags empfiehlt sich ein Roastbeef-Sandwich oder ein Salat mit warmen Schafskäse, abends Ente. Die internationale Speisekarte wechselt täglich. Mit seiner minimalistischen Einrichtung, angenehmer Musik und hervorragendem Essen zählt dieser Ort zu den beliebten Adressen.

✠ 162 B3 ✉ 3, Rue de la Liberté, Guéliz ☎ 024 42 25 32; www.kechmara.com ◷ Mo–Sa 7–24 Uhr

Lolo Quoi €€

Eine weitere beliebte Adresse wohlhabender Einheimischer und jüngerer Ausländer ist dieses gut laufende, verführerische Bar-Restaurant – die Beleuchtung ist stylisch und gedämpft, das Essen zuverlässig gut (vor allem Fleisch und Pasta). Probieren Sie ein Menü mit dickem, saftigen Steak oder überbackene Pasta, danach eines der Desserts und einen Cocktail.

✠ 162 C2 ✉ 82, Avenue Hassan II ☎ 072 56 98 64 ◷ Mo–Sa 12–15, 19–24 Uhr

Le Palais Jad Mahal €€€

Essen Sie wie in einem Pariser Palais mit indischer Inneneinrichtung. In diesem noblen Lokal erwarten Sie französisch-marokkanische Küche höchster Qualität mit Bauch-

tanz. Reservierung unbedingt erforderlich.

✠ 163 E1 ✉ 10, Rue Haroun Errachid, Hivernage ☎ 024 43 69 84 ◷ tägl. 20–2 Uhr

Restaurant Al Fassia €€€

Dies ist eines der wenigen marokkanischen Restaurants, das Einheimische und Ausländer gleich gerne besuchen. Es bietet erstklassige marokkanische Gerichte á la carte in gepflegter Atmosphäre. Reservierung unbedingt erforderlich.

✠ 162 B4 ✉ 55, Boulevard Mohamed Zerktouni, Guéliz ☎ 024 43 40 60; www.alfassia.com ◷ Di–So 12–14.30, 19.30–23 Uhr

Rôtisserie de la Paix €€

Besonders hübsch ist der nächtliche Garten: Sie können saftige gegrillte Fleischgerichte und überzeugende französische *plats du jours* erwarten, die die Gäste bereits seit 1949 zufrieden stellen.

✠ 162 B3 ✉ 68, Rue de Yougoslavie, Guéliz ☎ 024 43 31 18 ◷ tägl. 12–15, 18–1Uhr

Wohin zum … Einkaufen?

Zum Shoppen bietet die Neustadt das Beste aus zwei Welten. Hier finden Sie Exotisches modern interpretiert. Angenehm sind die Preisauszeichnungen, Klimaanlagen und das freundliche, sachkundige Verkaufspersonal. Welten liegen zwischen hier und den Souks, in denen das Feilschen manche irritiert. Natürlich können Sie auch in den Boutiquen von Guéliz handeln – alte Sitten sind hartnäckig.

Suchen Sie im **Atika** (34, Rue de la Liberté, Guéliz, Tel. 024 436 409, Mo–Sa 9–12.30, 15–19.30 Uhr) unter den Markenschuhen à la Prada und Tod's nach einem Schnäppchen. Dieser Laden läuft so gut, dass fünf Minuten entfernt eine Filiale (212, Avenue Mohamed V, Mo–Sa 9–12.30, 15–19.30 Uhr) eröffnet wurde, die zu den Schuhen passende Kleidung verkauft.

In den drei Etagen des winzigen **Côté Sud** (4, Rue de la Liberté, Guéliz, Tel. 024 43 84 48, geöffnet Mo–Sa 9–12.30, 15.30–19.30 Uhr) werden marokkanische Wohn-Accessoires wie Duftkerzen, hübsche seidene Kissenbezüge und Lüster aus Zinn angeboten.

Schön verzierte Flaschen, Kunstgegenstände aus Keramik, Teegläser und Schalen finden Sie im **L'Orientaliste** (15, Rue de la Liberté, Guéliz, Tel. 024 43 70 74, geöffnet Mo–Sa 9–12.30, 15–19 Uhr). Bei den erschwinglichen Preisen finden Sie hier alle Mitbringsel aus einer Hand.

Scènes de Lin (70, Rue de la Liberté, Guéliz, Tel. 024 43 61 08, Mo–Sa 9–13, 15.30–19.30 Uhr). Textilien und Wäsche in zauberhaften Farben, bestickte Kissen und ähnliche praktische Dinge finden Sie hier.

Stecken Sie Ihre Nase in ein Buch! Das **Café du Livre** (44, Rue Tarik Ben Ziad, Guéliz, Tel. 024 43 21 49; www.cafedulivre.com, Mo–Sa 9.30–21 Uhr) ist einer der wenigen Orte, wo Sie englischsprachige Zeitschriften und Bücher kaufen können.

Intensité Nomade (Rue, de la Liberté, Guéliz, Tel. 024 43 13 33, Mo–Sa 9–13, 15.30–19.30 Uhr) ist die beste Adresse für schöne Textilien und stylische Kaftane.

Im **Bazaar Atlas** (129, Immeuble Gidel, Avenue Mohamed V, Guéliz, Tel. 024 43 27 16, Mo–Sa 9–13, 15.30–19.30 Uhr, So 9.30–13 Uhr) wird mit Kunsthandwerk und Schmuck der Berber aus dem Atlasgebirge gehandelt. Die Auswahl ist riesig, die meisten Verkäufer sprechen gut Englisch.

Michèle Baconnier (6, Rue du Vieux, Guéliz, Tel. 024 44 91 78, Mo–Sa 9.30–12.30, 15.30–19.30 Uhr) bietet Unikate und moderne Neuauflagen marokkanischer Klassiker, Schmuck, Windlichter und Taschen inbegriffen.

Haute Couture, teurer Modeschmuck und wertvolle Kunstobjekte sind bei **Mysha and Nito** (Ecke Rue Sourya und Tarik Ibn Ziyad, Guéliz, Tel. 024 42 16 38; www.mysha-nito.com) im Angebot.

Lederwaren, Taschen, Schuhe und Jacken zu vernünftigen Preisen sind das A und O in der **Galerie Birkemeyer** (169–171, Rue Mohamed El Begal, Guéliz, Tel. 024 44 92 97; www.galerie-birkemeyer.com).

Exquisite Laternen, von einem begabten Designer entworfen und mit der Qualität des üblichen Angebots in den Souks nicht zu vergleichen, gibt es bei **Yahya** (61, Rue de Yougoslavie, Shop 49–50, Guéliz, Tel. 024 42 27 76; www.yahyacreation.com, Mo–Sa 10.30–12.30, 14.30–19 Uhr).

Wohin zum … Ausgehen?

Marrakechs Neustadt ist durch und durch modern und erfindet sich laufend neu. Hier ist die kosmopolitische Gesellschaft des 21. Jhs. zuhause. Ist es in der Medina fast unmöglich ein Bier zu trinken, hier in Guéliz und Umgebung ist das kein Problem. Ein Las Vegas im nordafrikanischen Stil: Es gibt Casinos, Bars, Lokale mit Bauchtanz und Nachtclubs, die bis zum Morgengrauen geöffnet sind. In Guéliz selbst finden Sie sich leicht zurecht, aber wenn Sie weiter wollen, brauchen Sie ein Taxi und einen Taxifahrer der Sie versteht. Viele der Clubs liegen etwa 30 Minuten Fahrtzeit von der Medina entfernt, deshalb sollten Sie für Ihren Ausflug ein paar Stunden einplanen.

La Plage Rouge

»Der rote Strand« zieht ein gemischtes Publikum an, das hier auf roten Liegen um den 70 m langen Pool Champagner schlürft. Es gibt ein Lokal und eine Bar mit Livemusik.
✚ außerhalb Karte ✉ Km 10 Route de l'Ourika ☎ 024 37 80 86 ◷ tägl. 10–spätnachts

Nikki Beach

Das Konzept der Anlage mit Swimmingpool, Club, Bar und Restaurant ist bereits in Miami und St. Tropez erfolgreich. Tagesgäste können sich auf balinesischen Liegen räkeln oder sich an der Cocktail-Bar im lagunenförmig angelegten Swimmingpool zeigen. Junge Marokkaner zeigen sich freizügig abseits muslimischer Werte und Konventionen und kippen hier kostspieligen Champagner.
✚ außerhalb Karte ✉ Circuit de la Palmeraie ☎ 024 36 87 27; www.nikkibeach.com ◷ tägl. 10.30–2 Uhr

Oasiria Aqua Park

In diesem Aqua Park können Sie riesige Bahnen herunterrutschen, sich im »rio« treiben und im Wellenbad herumwirbeln lassen oder Purzelbäume schlagen. Das Schwimmbecken und zwei Kinderbecken sind ruhigere Gewässer. Außerdem gibt es einen Volleyballplatz, ein Piratenschiff und ein Restaurant.
✚ außerhalb Karte ✉ Oasiria, Km 4 route de Barrage ☎ 024 38 04 38; www.oasiria.com 🚌 kostenloser Shuttleservice ◷ tägl. 10–18 Uhr

Palais Rhoul

Eines der eleganten modernen Spas, das Ihnen einen exklusiven Aufenthalt garantiert. Buchen Sie eine Massage oder eine der Beautybehandlungen vorab.
✚ nicht verzeichnet ✉ Route de Fès, Dar Tounsi ☎ 024 32 94 94; www.palais-rhoul.com ◷ tägl. 9–18 Uhr

Afric'n Chic

Diese von einem französisch-brasilianischen Paar betriebene Bar ist für ihre afro-latinische Atmosphäre bekannt. Ein angenehmer Ort, farbenfroh eingerichtet, manchmal mit Livemusik und jeden Abend zwischen 18–19 Uhr Happy Hour.
✚ 167 E5 ✉ 6, Rue Oum Errabia, Guéliz ☎ 024 43 14 24 ◷ tägl. 18–1 Uhr

Chesterfield

In diesem verrauchten englischen Pub gibt es Bier vom Fass und Fußballspiele auf einem großen Bildschirm. Die Dachterrasse mit Pool ist ganz nett zum Tee trinken oder Cocktails schlürfen, aber meiden Sie das Restaurant.
✚ 162 B3 ✉ Hotel Nassim, 115, Avenue Mohamed V ☎ 024 44 64 01 ◷ tägl. 11–24 Uhr

Le Comptoir

In der Bar im ersten Stock des Restaurants Le Comptoir (➤ 124) legt entweder ein DJ auf oder es gibt Livemusik. Nach all den Jahren zieht sie immer noch die Schönen an. Die Cocktails und die Champagnerauswahl sind prima, wenn auch kostspielig. Reservieren Sie vorab, denn hier ist immer viel los.

✚ 163 E1 ✉ Avenue Echouhada, Hivernage ☎ 024 43 77 02; www.comptoirdarna.com ⊕ tägl. 19–4 Uhr

Le Guépard

»Der Gepard« ist ein afrikanisch eingerichtetes, gemütliches Restaurant mit Bar. Es gibt frisch gezapftes Bier und eine angenehme Terrasse.

✚ 167 D5 ✉ Residence Al Mourad, Avenue Mohamed V ☎ 024 43 91 48 ⊕ Di–So 11–1 Uhr

NACHTCLUBS

Couleur Pourpre

Einer der neusten Clubs in der Stadt und es sieht so aus, als würde er für lange Zeit einer der beliebtesten werden. Cocktail Lounge, Tapas, Livemusik und -Shows, DJ, Karaoke – Suchen Sie sich etwas aus.

✚ 162 B2 ✉ 7, Rue Ibn Zaidoun, Guéliz ☎ 024 43 73 02 ⊕ tägl. 20–2 Uhr ✋ mittel

Pacha

Der bekannte Nachtclub aus Ibiza hat eine Filiale in Marokko eröffnet – laut Geschäftsführung ist es der größte Nachtclub Afrikas. Nachtschwärmer kommen, um ihre Outfits zu präsentieren, in der Lounge zu chillen, in einem der Restaurants zu essen und auf die Musik international bekannter DJs zu tanzen.

✚ außerhalb Karte ✉ Boulevard Mohamed VI, Nouvelle Zone Hôtelière ☎ 024 38 84 00; www.pachamarrakech.com ⊕ tägl. 20–5 Uhr ✋ vor 22 Uhr frei, nach 22 Uhr teuer

Théâtro

Der Nachtclub mit der prächtigen Inneneinrichtung eines ehemaligen Theaters bietet Ladies' Nights, Gastspiele mit Ministry of Sound und Themennächte. Die Darsteller füllen die großen Emporen, der Club gilt als einer der unterhaltsamsten Marrakechs.

✚ 163 D1 ✉ Hotel Es Saadi, Avenue El Quadissia ☎ 024 44 88 11; www.theatromarrakech.com ⊕ tägl. 23–5 Uhr ✋ mittel

SPORT UND BEWEGUNG

Dunes and Desert Exploration €€–€€€

Halbtägige Abenteuer mit Gokartfahrten, Quads, Ausflüge mit Vierradantrieb und Kamelreiten vorbei an ausgetrockneten Flussbetten, Palmen und Berberdörfern.

✚ außerhalb Karte ✉ Hôtel Club Palmariva, Km 6 Route de Fès, Marrakech ☎ 061 24 69 48; www.dunesdesert.com

Marrakech Loisirs €–€€

Tretroller, Kamel- und Pferdereiten, Kutschfahrten im Gebiet von La Palmeraie, stundenweise oder auch länger.

✚ außerhalb Karte ☎ 061 45 50 34

Royal Golf Club €€€

Der älteste, 1923 eingeweihte Golfplatz Marokkos und besser als die anderen beiden mit 18 Löchern (allerdings wurde bei Redaktionsschluss an mehreren Golfplätzen für Meisterschaften gebaut). Gepflegt, wenn auch etwas eintönig, wenigstens haben hier schon Mitglieder des englischen Königshauses und Winston Churchill geputtet.

✚ außerhalb Karte ✉ BP634 Ancienne Route de Ouarzazate ☎ 024 40 47 05/ 98 28 ⊕ tägl. 7–18 Uhr

Palmeraie Golf Palace €€–€€€

Angeboten werden ein 18-Loch-Golfplatz, stundenweise oder ganztags Reitausflüge auf dem weiten Gelände (bzw. Kutschfahrten für Nicht-Reiter), oder Tennis mit anschließendem Abkühlung in einem der fünf Pools. Sie müssen nicht Hotelgast hier sein, aber buchen Sie Ihre Aktivitäten unbedingt vorab.

✚ außerhalb Karte ✉ Circuit de la Palmeraie, BP 1488 ☎ 024 36 87 04; www.pgp.co.ma

Spaziergänge & Touren

1 IN DAS HERZ MARRAKECHS

Spaziergang

LÄNGE: 2 km
DAUER: 2 Stunden mit Mittagessen
START/ZIEL: Jemaa El Fna ✚ 164 C1

Dieser Spaziergang führt Sie ins tiefste Marrakech, an jeder Ecke erwarten Sie neue Sinneseindrücke. Vom Jemaa El Fna (➤ 58) aus führt er um die Koutoubia Moschee (➤ 48) mit ihrem Garten und endet am Place Bab Ftouh (➤ 58), wo die Souks (➤ 52) und *fondouk* beginnen. Der Weg führt durch verkehrsberuhigte Straßen und ist leicht zu finden, sodass Sie bei der Hitze immer wieder Zwischenstopps einlegen können.

1–2

Starten Sie mit einem frischen Orangensaft an einem der Stände des Jemaa El Fna oder mit einem Kaffee im **Café de France** (➤ 60). Tagsüber wimmelt es auf dem Platz von knallbunt gekleideten Wasserverkäufern, Akrobaten, Schlangenbeschwörern und Eselkarren. Überqueren Sie den Platz in Richtung des kleineren,

Vorherige Seite: Typische Situation im Rou Souk Smarine
Links: Tänzer auf dem Jemaa El Fna

dreieckigen Place Foucault. Hier warten die *calèches* (Kutschen, ➤ 59) auf Fahrgäste.

tende Baudenkmal und die angrenzenden Fundamente der früheren Moschee zu bewundern.

3–4

Gehen Sie links um die Moschee herum zum **Garten der Koutoubia** auf ihrer Rückseite. Gönnen Sie sich eine Pause in dieser Anlage mit herrlichen Rasenflächen, einem Springbrunnen (oft ohne Wasser) und dem europäisch wirkenden Orchesterpavillon linker Hand.

4–5

Folgen Sie dem Pfad an der Koutoubia vorbei zurück zur Hauptstraße, auf der es links zum **Grab der Lalla Zohra** (➤ 56) weiter geht. Überqueren Sie den Zebrastreifen und suchen Sie sich im **Café de Koutoubia** (➤ 60) einen guten Platz mit Blick auf das bunte Treiben der Straße.

5–6

Überqueren Sie die Rue Fatima Zohra beim zweiten Zebrastreifen und folgen Sie der verkehrsberuhigten **Rue El Koutoubia** (ohne Beschilderung). Gehen Sie im Hotel Les Jardins de la Koutoubia (➤ 61) mittagessen, trinken Sie etwas am Pool, oder schauen Sie oben ins asiatische Terrassen-Restaurant, Les Jardins de Bala (➤ 61).

2–3

Vom Place Foucault aus überqueren Sie die belebte **Avenue Mohamed V** (➤ 122), die bis in die Neustadt führt, in Richtung **Koutoubia Moschee** (➤ 48). Nehmen Sie sich Zeit, dieses bedeu-

Mauerwerkdetail der Koutoubia Moschee

Traditionelle Körbe sind ein praktisches Souvenir

6–7

Wenn Sie das Hotel verlassen, gehen Sie links die Rue de la Koutoubia entlang, die nach links abknickt. Ein Stück weiter sehen Sie rechter Hand die traditionellen Korbmacher.

Gehen Sie weiter geradeaus, am Rand des Jemaa El Fna entlang bis zum **Place Bab Ftouh** (► 58), wo Sie angenehm klimatisierte Boutiquen (► 63) erwarten oder den mit Antiquitäten gefüllten, faszinierenden Fondouk Ouarzazi. Neugierige machen vielleicht einen Abstecher in die **Souks**, die unmittelbar nördlich von hier beginnen (► 52).

Kleine Pause

Essen Sie mittags auf halber Strecke in **Les Jardins de la Koutoubia** (► 61) am reizenden Pool der Snack Bar Imlil (tägl. 12–16 Uhr).

Die beste Tageszeit

Egal an welchem Tag Sie diesen Spaziergang machen, sollten Sie entweder frühmorgens oder spätnachmittags los, um die Mittagshitze zu vermeiden.

7–8

Gehen Sie zurück auf den Jemaa El Fna. Am frühen Abend werden hier die Stände für den Nachtmarkt aufgebaut. Beim Herumspazieren können Sie die tanzenden Transvestiten, Straßenartisten und traditionellen Gnawa-Musiker beobachten. Beenden Sie Ihren Tag auf dem **Nachtmarkt** (► 50) mit einem schmackhaften Couscous, *brochettes* (Fleischspießen) und einer Schale dampfender Schnecken.

Gegarte Schnecken auf dem Jemaa El Fna

2 EIN KÖNIGLICHER SPAZIERGANG

Spaziergang

LÄNGE: 2 km
DAUER: 4 Stunden mit Mittagessen und Besuch der Sehenswürdigkeiten
START/ZIEL: Jemaa El Fna ✚ 164 C1

Dieser historische Rundgang führt Sie gemächlich durch die südlich vom Jemaa El Fna gelegene Kasbah, vorbei an zwei herrlichen Palästen und zwei interessanten Museen. Auf dem Weg haben Sie auch Einkaufsmöglichkeiten und lernen ein zauberhaftes Lokal kennen, das zu jeder Tageszeit eine angenehme Anlaufstelle ist.

1–2

Verlassen Sie den **Jemaa El Fna** (➤ 58) entlang der verkehrsberuhigten und von Ledergeschäften gesäumten Rue Riad Zitoun El Kédim. Sollten Sie für Ihren Heimweg einen größeren Koffer für Ihre Einkäufe benötigen, finden Sie ihn hier. Folgen Sie der Straße, die am – auf der anderen Straßenseite liegenden – **Place des Ferblantiers** (➤ 83) endet.

Verzierte Stützpfeiler im Zentralhof der Ruinen des Palais El Badii

2–3

Gehen Sie geradeaus über den hübschen Platz und dann rechts zum wuchtigen **Palais El Badii** (▶ 73). Dieser einst glanzvolle Palast ist heute eine von brütenden Störchen bewohnte Ruine, in der die außergewöhnliche »Himmelsleiter«, das *minbar* aus der Koutoubia, aufbewahrt wird.

3–4

Gehen Sie nach der Besichtigung zurück zum **Place des Ferblantiers**, machen Sie eine Pause auf einer Bank und schauen Sie den Blechschmieden bei ihrer Arbeit zu. Trinken Sie einen Pfefferminztee oder essen Sie etwas Leichtes in der Kosybar (▶ 88).

Detailreiche Ornamente beim großen Innenhof des Palais de la Bahia

4–5

Verlassen Sie den Place des Ferblantiers auf demselben Weg, biegen Sie an der Hauptstraße gleich rechts ab und gehen Sie auf dem unebenen Gehweg rechts weiter. Bevor der Weg scharf rechts abbiegt, können Sie in den Mellah Markt (▶ 79) eintreten und so abkürzen. Oder Sie folgen der Wegbiegung nach rechts und überqueren die Straße, die rechter Hand direkt zum **Palais de la Bahia** (▶ 80) führt.

5–6

Wenn Sie den Palast verlassen, halten Sie sich rechts und gehen auf der verkehrsberuhigten Rue Riad Zitoun El Jedid weiter. Der Gehweg ist schmal und uneben, manchmal auch durch parkende Autos blockiert. Nach etwa 100 Metern erreichen Sie rechter Hand, kurz nach dem Hamam Les Bains Ziani (▶ 90), die erste größere Seitengasse. Sobald Sie den Torbogen durchschritten haben, sehen Sie auf der rechten Seite das Museum **Maison Tiskiwin** (▶ 84). Verweilen Sie in den

Innenhöfen oder kleinen Salons und genießen Sie die friedliche Atmosphäre dieses historischen Hauses, das mit einer Menge spannender Objekte der Privatsammlung gefüllt ist.

6–7
Sobald Sie das Maison Tiskiwin verlassen, wenden Sie sich nach rechts und sofort nach links in Richtung **Dar Si Saïd** (► 85), leicht an dem großen Schild auf den riesigen Mauern zu erkennen. Verlassen Sie das Museum nach rechts und gehen sofort wieder rechts bis zum Schild unter dem Tor das zum Jemaa El Fna weist. Nach wenigen Metern erreichen Sie die Rue Riad Zitoun El Jedid mit ihren zahlreichen Geschäften und Einkaufsmöglichkeiten, und folgen ihr rechts zurück zum Jemaa El Fna.

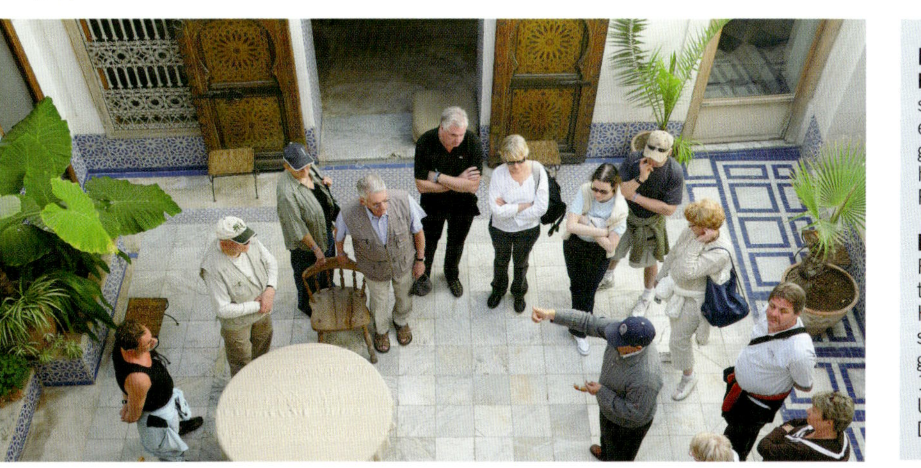

Reisegruppe im zentralen Innenhof des Maison Tiskiwin

Kleine Pause
Kosybar (► 85) hält was der Name verspricht. Die verschiedenen Etagen sind edel eingerichtet und auf der Dachterrasse gibt es bequeme Sitzgelegenheiten. Sie haben die Wahl zwischen Lasagne, Curry, Pasta oder Sushi.

Die beste Tageszeit
Frühmorgens oder am späteren Nachmittag vermeiden Sie die größte Hitze und den Hauptandrang der Touristen. Die historischen Stätten sind außerdem über Mittag geschlossen. (Palais El Badii von 11.45–14.30 Uhr; Palais El Bahia von 12–14.30 Uhr; Maison Tiskiwin 12.30–15 Uhr und Dar Si Saïd von 12.15–15.15 Uhr.)

3 EIN BUMMEL DURCH GUÉLIZ

Spaziergang

LÄNGE: 1,5 km
DAUER: 2 Stunden
START/ZIEL: Place du 16 Novembre ✚ 163 D3

Fontänen und Einkaufszentrum am Place du 16 Novembre

Der einfache Rundgang führt Sie durch ein Shopping-Paradies vorbei an zahlreichen Cafés und ausgezeichneten Restaurants. Jeden Monat eröffnet eine andere internationale Modekette eine Filiale und die Restaurants könnten sich auch in SoHo, New York, sehen lassen. Aber Vorsicht: die Bürgersteige sind holprig und die neuen Fußgängerübergange werden vom Verkehr weitgehend ignoriert.

1–2

Starten Sie am Place du 16 Novembre am **Grand Café de la Poste** (➤ 125). Genießen Sie zuerst auf der einladenden Straßenterrasse des Cafés und Postamts aus den 1920er-Jahren, einen stärkenden Kaffee oder kleinen Snack und beobachten die Passanten.

Folgen Sie der Avenue Mohamed V vorbei an der internationalen Modekette Zara und der Baustelle der neuen Multi-Millionen-Dollar Mall auf der rechten Straßenseite. Biegen Sie rechts ab in die Rue Imam Malek und sofort wieder nach links in die Rue Tarrik Ibn Ziyad.

Auf der linken Seite liegt das **Café du Livre** (➤ 124), das sich zunehmend als

Filiale der Modekette Zara auf der Avenue Mohamed V

gesellschaftlicher Treffpunkt etabliert. Sein Eingang befindet sich im Hôtel Toulousain auf der ersten Etage. Hier können Sie bei frischem Fruchtsaft und knackigen Salatvariationen in englischsprachiger Reiseliteratur und internationalen Zeitschriften schmökern.

2–3

Wenn Sie das Café verlassen, gehen Sie links weiter in Richtung **Rue de la Liberté**. Auf dieser Straße können Sie nach Herzenslust Windowshoppen oder die vielen Boutiquen bis jenseits der kreuzenden Avenue Mohamed V durchstreifen. Die meisten Läden führen Mode oder Wohndekor, die im Trend und zugleich typisch marokkanisch sind. Viele Geschäfte sind klimatisiert, das junge Personal ist hilfsbereit und polyglott. Die festgelegten Preise sind eine Wonne, wenn man das zähe Feilschen in den Souks kennt. Zwei echte Geheimtipps sind Place Vendôme und **Côté Sud** (➤ 126).

3–4

Am Ende der Rue de la Liberté, gegenüber vom Côté Sud, liegt eines der köstlichsten Lokale dieses Viertels. Das **Kechmara** (➤ 125) mit seiner minimalistischen Einrichtung und der angenehmen Musik lädt zu jeder Tageszeit zu einem perfekten Zwischenstopp ein.

4–5

Von hier aus biegen Sie links in den mit Bäumen gesäumten Boulevard **El Mansour Eddahabi** mit seinen verführerischen Kunstgalerien und Straßencafés. Kehren Sie zurück zum Place du 16 Novembre. Wenn Sie hungrig sind, bietet sich das Grand Café de la Poste zum Abendessen an, oder Sie gehen ins **Lolo Quoi** (➤ 125), einem weiteren trendigen Restaurant gleich um die Ecke.

Kleine Pause

Neben einer Pause in den zahlreichen reizenden Cafés der Neustadt, sollten Sie sich ein Mittag- oder Abendessen im Kechmara nicht entgehen lassen (➤ 125). Der strahlende Stern der hiesigen modernen Gastronomie ist zu jeder Tageszeit ein Erlebnis.

Die beste Tageszeit

Die meisten Boutiquen sind über Mittag von etwa 13 bis 15.30 Uhr und sonntags geschlossen. Da die meisten Geschäfte bis 19.30 Uhr geöffnet sind, können Sie das Shoppen mit einem Abendspaziergang verbinden.

4 TOUREN

Während Ihres Marrakech-Urlaubs kann es sinnvoll sein, sich einer Reisegruppe anzuschließen, besonders, wenn Sie die Stadt verlassen. Hier finden Sie Informationen und Hinweise zu Reiseveranstaltern:

Durch zahlreiche Razzien sorgt die Regierung mittlerweile für die Eindämmung der illegalen Kundenwerbung auf der Straße. Der Preis für die höhere Sicherheit der Touristen ist natürlich mit mehr Kontrolle verbunden, dennoch sollten Sie sich von der offiziellen Legitimation eines Fremdenführers immer selbst überzeugen.

Wenn Sie eine Führung durch die Souks oder zu den historischen Denkmälern buchen möchten, wenden Sie sich am besten an Ihr *riad* oder Hotel. Die Rezeption kann Ihnen erprobte und erfahrene Personen vermitteln und Ihnen auch bei möglichen Konflikten helfen.

Bei Ausflügen, für die Sie einen Fahrer benötigen, sollten Sie sich jemanden suchen, der zumindest über Grundkenntnisse in einer Fremdsprache verfügt, die Sie auch sprechen. Prüfen Sie die Sicherheitsausstattung des Autos – viele Fahrzeuge in Marrakech haben nicht einmal Sicherheitsgurte. Legitimierte Fremdenführer vermittelt Ihnen die Touristeninformation.

Besonders bei mehrtägigen Ausflügen sollten Sie prüfen, ob die Chemie stimmt, bevor Sie sich einem einheimischen Führer oder Fahrer anvertrauen. Auch viele große deutsche Reiseveranstalter bieten Touren und Ausflüge an. Erkundigen Sie sich danach bei der Buchung oder bei der Reiseleitung vor Ort.

Authentic Morocco

Bietet private Geländewagen-Ausflüge ins ursprüngliche Marokko an. Der Veranstalter arbeitet mit einem nachhaltigen Tourismuskonzept und organisiert maßgeschneiderte freundliche Touren mit einheimischen Fahrern. Die Gründer der Wohltätigkeitsorganisation Children of the Sahara Foundation haben sich zum Ziel gesetzt, das Leben der Nomadenkinder in der Sahara zu verbessern.

P.O. Box 491, 45000 Ouarzazate

00 44 (0)117 373 9145 (UK); www.authentic-morocco.com

Mad About Morocco

Sie bereisen das Land auf einer vorher vereinbarten Route und fernab der üblichen Touristenpfade. Der Veranstalter ist spezialisiert auf die Sahara und das Atlasgebirge, wo Sie Einheimische treffen können.

Chateau d'Eyzac, Marrakech 19330

00212 7646 8553; www.madaboutmorocco.com

Marrakech Transport and Travel

Einheimische chauffieren Sie in klimatisierten Luxuslimousinen in und um Marrakech oder auch bis zur Küste.

1 Imm 56, Rue Rahal Ben Amed, Guéliz

00212 6140 3735; www.marrakech-transport-travel.com

Tour Serail

Tour Serail wird von der erfahrenen Reisebuchautorin Muriel Brunswig-Ibrahim geleitet und bietet Individual- sowie Gruppenreisen an. Dabei wird großer Wert auf ein facettenreiches Erleben des Landes gelegt, d. h. Begegnungen mit Kultur, Natur und Menschen.

Turmseestr. 6, 79102 Freiburg 0761 6 41 07; www.tourserail.com

Ausflüge

Ausflüge

Wenn Sie die Medina stresst, ist es gut, Ausweichmöglichkeiten zu kennen. In weniger als einer Stunde Autofahrt nach Süden oder Osten erreichen Sie die Ausläufer des Atlasgebirges, Landschaften mit hohen Berggipfeln, fruchtbaren Tälern und traditionellen Berberdörfern. Drei Stunden Autofahrt westlich von Marrakech liegt die entzückende Küstenstadt Essaouira – mit einem entspannten, reizvollen Strandleben.

Wenn Sie wenig Zeit haben, machen Sie einen Kurztrip in die Ausläufer des Atlas und fahren ins Ourika Tal (➤ 142), zum Abendessen sind Sie zurück in Marrakech. In ein bis zwei Tagesreisen erreichen Sie zwei der berühmten Pässe im Atlas. Der Tizi-n-Tichka (➤ 147) führt an beeindruckenden Kasbahs (Festungen aus Lehmziegeln) vorbei nach Ouarzazate, dem Tor zur Sahara. Die Straße zum Tizi-n-Test (➤ 144) erfordert starke Nerven, aber die friedliche und schöne Landschaft ringsum macht die Mühe allemal wett und zieht sowohl Tagesausflügler als auch erfahrene Wandergruppen an.

Wenn Sie können, sollten Sie länger in den Bergen bleiben oder eine Pause im luftigen Strandort Essaouira einlegen (➤ 150). Alle genannten Ausflüge können Sie zwar von Ihrer Unterkunft in Marrakech aus buchen, aber es ist unkompliziert und macht außerdem viel mehr Spaß, selbst ein Großtaxi (➤ 34) zu mieten. Unabhängig davon ist es meist preisgünstiger, ohne Vermittler zu reservieren.

Essaouiras Festung am Meer, Skala de la Ville

Vorherige Seite: Mann in traditioneller Jellabah

Ourika Tal

Der Ourika Fluss bewässert dieses fruchtbare Tal in den nördlichen Ausläufern des Atlasgebirges. Ein wunderbarer Tagesausflug – Sie können zu einsamen Wasserfällen wandern, sich am Fluss ausruhen und sind pünktlich zum Abendessen wieder in Marrakech.

Etwa 30 km südlich von Marrakech beginnt der Anstieg in die Berge. In diesem Landstrich leben seit Jahrhunderten Berber in kleinen Siedlungen aus einfachen Lehmziegelhütten. Machen Sie einen Stopp in Aghbalou und bestaunen Sie die Moschee mit ihren unüblichen rohen Natursteinmauern.

Bergdorf

Am Ende der geteerten Straße aus Marrakech liegt der Ort Setti Fatma. Hier leben viele Fremdenführer die Ihnen u. a. anbieten, Sie zu den Wasserfällen zu führen. Sie finden den Weg aber auch leicht ohne Hilfe, wenn Sie einfach den Wanderwegen folgen. Das wichtigste ist, dass Sie festes Schuhwerk tragen. Der Ort selbst ist nicht sonderlich attraktiv, aber wenn Sie im August hier sind, sollten Sie das *moussem*, ein lebhaftes Volksfest mit Musik und Tanz, das drei Tage dauert, besuchen.

In den Hängen oberhalb von Setti Fatma gibt es insgesamt sieben Wasserfälle sowie zahlreiche kühlende Wasserbecken. Hier können Sie baden und picknicken. Der Pfad bergauf ist ziemlich schmal und steil, besonders nach dem zweiten Wasserfall. Wer Höhenangst hat, sollte besser unten bleiben.

Anreise

Die Fahrt nach Setti Fatma dauert ab Marrakech etwa eine Stunde. Die städtischen Großtaxis fahren vormittags in Marrakech ab und kehren spät abends zurück.

Der Preis hängt von Ihrem Fahrer, vom Zustand des Wagens und natürlich Ihrem Verhandlungsgeschick ab. Wenn Sie Großtaxis nicht mögen können Sie auch Ihr eigenes Taxi mieten, was auch kein Vermögen kostet. Fragen Sie im Hotel nach einer Empfehlung und den üblichen Preisen.

KLEINE PAUSE

Gehen Sie mittags in Setti Fatma zum Essen ins Café Asgaour (fast tägl. geöffnet, unregelmäßige Öffnungszeiten), mit Ausblick auf den Fluss. Es hat zwar weder Telefon noch Adresse, ist aber leicht zu finden.

✉ Setti Fatma, Km 60 route S513, Ourika Valley
🚌 Städtische Großtaxis (▶ 34) fahren vormittags von Marrakech ab und kommen spätabends zurück.

Oben rechts:
Der Gebirgsfluss Ourika bei Setti Fatma entspringt dem Atlas

OURIKA TAL: INSIDER-INFO

Top-Tipps: Nehmen Sie Trinkwasser, Sonnenschutz und eine Kopf-bedeckung mit.
- Gelegentlich errichten die Einheimischen ein provisorisches Freiluft-Café an einem der Wasserbecken, Sie sollten aber Ihren eigenen Proviant mitbringen, wenn Sie zu den Wasserfällen hochsteigen.
- Ein Bergführer, der sie zu den Wasserfällen bringt, verlangt ungefähr 15–20 Euro.

Geheimtipp: Biegen Sie auf dem Weg zurück von Setti Fatma direkt hinter Aghbalou links ab. Hier gelangen Sie zum Skiort Oukaïmeden (2650m). Die gesamte Skiausrüstung können Sie hier mieten, die Preise sind wesentlich günstiger als in Europa oder Nordamerika. Im Januar und Februar ist die Schneedecke wintersporttauglich. Im Sommer können Sie von Oukaïmeden aus zum Gipfel des Jebel Toubkal (4167m) wandern.

Tizi-n-Test

Das Atlasgebirge ist mehr als die attraktive Kulisse Marrakechs. Fahren Sie von der Stadt nach Süden und erleben Sie aufregend steile Bergpässe, unvergessliche Aussichten, bäuerliche Arbeiten und Gastfreundschaft auf dem Land.

Etwas 50 km südlich von Marrakech steigt die Straße nach Tizi-n-Test langsam an. Sie ist kurvig und eng und eröffnet fantastische und schwindelerregende Aussichten ins Atlasgebirge. Das kleine, unscheinbare Dorf Ouirgane eignet sich für eine Übernachtung. Es liegt inmitten von Obstgärten, die zu einem abendlichen Spaziergang einladen. Tagsüber werden Trekkingtouren mit Maultieren angeboten. Übernachten können Sie entweder im Hôtel La Rosaraie (Hôtel La Rosaraie €–€€, Km 60 Route de Taroudant, Ouirgane, Tel. 024 48 56 93; www.laroseraiehotel.com), einem Spa-Hotel am Ortsrand,

Die Dörfer und Straßen auf dem Weg zum Pass verschmelzen mit der Landschaft

oder im einfacheren Dar Tassa (Dar Tassa €, Douar Tassa,
BP176, Ouirgane, Tel. 079 88
60 81; www.dartassa.com) in
den nahe gelegenen Berghän-
gen. Beide Hotels organisie-
ren Touren zum Tin Mal Pass
und Ausflüge in die Natur.

Berg-Moschee

Das Städchen Tin Mal stammt
aus dem 12. Jh. und war das
kulturelle Zentrum der Almohaden und ihres religiösen
Führers, Ibn Tourmert. Die
Tin Mal Moschee aus dem
Jahre 1153 wurde kurze Zeit
später zu einer imposanten
Festung umgebaut, die noch
heute den Pass beherrscht.
Obwohl schon lange ohne

Dach, ist die Moschee in erstaunlich gutem Zustand. Sie ist eine der beiden Moscheen Marokkos, die auch von Nicht-Muslimen betreten werden darf. Vom ihrem Minarett hat man eine fantastische Aussicht.

Anreise

Folgen Sie der R203 (Route de Taroudant) in Richtung Süden. Bei Asni (50 km) biegt sie nach Südwesten ab und beginnt ihren schwindelerregenden Anstieg ins Gebirge. Bis Ouirgane brauchen Sie etwa zwei Stunden (60 km). Tin Mal erreichen Sie nach weiteren 45 Minuten Fahrt (35 km). Der Preis hängt vom Fahrer, Wagenzustand und Ihrem Verhandlungsgeschick ab. Fragen Sie in ihrem Hotel nach den üblichen Preisen.

Auf einigen Streckenabschnitten ist ein stabiler Magen gefragt

KLEINE PAUSE

Bei der Olivenmühle am Flussufer in Tin Mal lädt ein netter Platz zum Picknicken ein.

Ouirgane
✉ Km 60
R203 route de Taroudant

Tin Mal
✉ Km 95
R203 route de Taroudant

TIZI-N-TEST: INSIDER-INFO

Top-Tipps: Die Bergpisten sind selbst für sehr erfahrene Fahrer eine Herausforderung. Es ist besser, sich einer organisierten Tour anzuschließen, ein Großtaxi (► 34) vom Taxistand in Marrakech zu nehmen oder vom Hotel aus ein Taxi zu mieten.

■ Sie sollten mindestens einmal in den Bergen übernachten, sonst fühlen Sie sich ständig unter Zeitdruck.

Wussten Sie das? Für Nicht-Muslime bietet sich in Tin Mal die seltene Chance, eine Moschee von innen zu sehen. Allerdings ist sie während des Gebets freitagmittags geschlossen.

Tizi-n-Tichka

Die Fahrt zum Tizi-n-Tichka Pass ist zwar weniger abenteuerlich als zum Tizi-n-Test (➤ 144), aber die Ausblicke von unterwegs und die Bergfestungen sowie ein Außenposten in der Wüste, in dem Sie übernachten können, sind mindestens genauso faszinierend.

Die Kasbah Aït Benhaddou war Drehort mehrerer Kinofilme und ist das Highlight jeder Fahrt zum Tizi-n-Tichka Pass

Nehmen Sie ein Großtaxi (➤ 34) für die Fahrt und starten Sie am besten dienstags oder samstags, wenn in Aït Ourir der große Berbermarkt abgehalten wird. Der Ort liegt etwa zwei Stunden (40 km) von Marrakech entfernt. Etwa 70 km hinter Aït Ourir erreichen Sie die Abzweigung zur Kasbah Telouet, einst die Bergfestung der berüchtigten Berberführer der Gebrüder Glaoui. Die labyrinthische Architektur aus rotem Lehm wirkt wie aus dem Mittelalter, obwohl sich die Glaoui erst gegen Ende des 19. Jhs. hier niederließen.

Die *kasbah*

Die *kasbah* von Aït Benhaddou (190 km von Marrakech entfernt) wurde als Drehort des Films *Lawrence von Arabien* (1962) berühmt. Die beeindruckende, verwinkelte alte Wüstensiedlung wurde von der Unesco zum Weltkulturerbe erklärt. Wenn Sie mit einem Großtaxi anreisen, müssen Sie die letzten 10 km zu Fuß gehen. Alternativ können Sie im 30 km weiter an der Hauptstraße gelegenen Ouarzazate eine Fahrt mit den Geländewagen von Berber Tours (Tel. 061 43 96 90; www. berbertours.net) buchen oder in das »neue« Dorf am Westufer des Flusses fahren und durch das meist ausgetrocknet Fluss-bett zur Festung gehen. Im Winter kann es sein, dass Sie durchs Wasser waten müssen.

Berberwurzeln

Aït Benhaddou war nie eine königliche Residenz wie Telouet, sondern eine florierende Niederlassung einfacher Berberfami-lien. Die historischen Ursprünge sind, wie so oft in der Ge-schichte der Berber (➤ 16) nicht überliefert, aber die Unesco ist überzeugt, dass die Einwohner ihre nomadische Lebens-weise innerhalb der Festung beibehielten, den klimatischen Extremen der Wüste anpassten und zwischen ihren verschie-denen Wohnungen hin- und herpendelten.

Es wird vermutet, dass hier ab dem 2. Jh. nach Chr. Men-schen siedelten. Heute leben nur noch wenige Familien in der bröckelnden Altstadt, die meisten bevorzugen die moderne Infrastruktur auf der anderen Seite des Ounila Flusses.

Im Kino

Ouarzazate, von den Franzosen als Stützpunkt gegründet, wurde bekannt durch die Produktionen der Atlas Film Studios, u.a. wurden hier *Gladiator* (2000) und *Krieg der Sterne* (1977) gedreht. Die 80 000 Einwohner führen meist ein ruhiges Leben, wenn nicht gerade Filmproduktionen vor Ort sind. Touristen auf ihrem Weg in die Wüste halten hier nur auf der Durchreise.

Im Gegensatz zu den Palästen Marrakechs war Aït Benhaddou einst ein befestigtes Berberdorf

Anreise

Wenn Sie den ganzen Pass überqueren, legen Sie ab Marrakech auf der Fernstraße N9 über 200 km zurück. Fahren Sie während des Tages bis nach Ouarzazate und übernachten Sie dort im Le Berbère Palace (Quartier Mansour Eddahbi, Ouarzazate, Tel. 024 88 31 05; www.ouarzazate.com). Es ist zwar recht teuer, aber der Fünf-Sternen-Luxus und die schön eingerichteten Zimmer sind allemal ihr Geld wert. Der einladende Pool ist eine willkommene Erfrischung nach der Hitze der Reise, es werden aber auch lohnende Ausflüge, u. a. eine Geländewagenfahrt in die Wüste angeboten.

Biegen Sie zur Kasbah Telouet auf der N9 (Km 109) beim Schild »Ouarzazate 83 km« links ab und folgen der Straße weitere 25 km.

KLEINE PAUSE

Essen Sie einen Snack oder eine ganze Mahlzeit im Restaurant des Hôtel La Kasbah (Complexe Touristique, Aït Ben Haddou, Ouarzazate, Tel. 024 89 03 02).

Kasbah Telouet und Aït Benhaddou
Die Festungen sind tägl. von Sonnenauf- bis -untergang geöffnet

Atlas Film Studios
Ouarzazate 024 85 43 23; www.atlasstudios.com

Essaouira

Der hübsche Hafenort liegt nur drei Autostunden westlich von Marrakech. Seine Strände ziehen Windsurfer, Künstler, Hippies und junge Aktivurlauber an, die hier dem Staub der Wüstenstadt entfliehen.

Nur zwei oder drei Tage in Essaouira perfektionieren jede Marrakechreise. Hier erwarten Sie fangfrische Fische, ein reiches musikalisches Erbe sowie entspannte islamische Lebensart. Die historische Altstadt mit ihren weißen Häusern und den blauen Fensterläden ist von Festungsmauern umgeben, die Straßen sind schachbrettartig angelegt. Beim Spaziergang über das Kopfsteinpflaster entdecken Sie verborgene Cafés, Restaurants, Galerien und Handwerksläden. Wer einkaufen möchte, findet Werkstätten in der westlichen Mauer Skala de la Ville. Einige der besten Kunstschreiner des Landes stellen hier verzierte Möbel und Holzsouvenirs her.

Am Strand

Am Südrand der Stadt liegt der sowohl von Einheimischen als auch von Touristen frequentierte weite Sandstrand. Spielen Sie

Skala de la Ville in der westlichen Festungsmauer Essaouiras

mit ihnen eine Runde Fußball, hängen Sie faul herum oder gehen Sie Windsurfen. Zum Schwimmen ist der ruhigere und windgeschütztere nördliche Strand, Plage de Safi, besser geeignet, an dem auch die Einheimischen baden.

Fest der Sinne

Am größten Platz, dem Place Moulay Hassan, laden die Straßencafés dazu ein, den ganzen Tag zu verplaudern und das bunte Treiben zu beobachten. Im Juni ist er der Mittelpunkt des großen und unterhaltsamen Gnaoua World Music Festival (www.festival-gnaoua.net). Die Gnawa (oder Gnaoua) sind Nachkommen von Sklaven, mit denen in Marokko bis um 1900 gehandelt wurde. Ihre Religion ist eine Mischung aus Islam und uralten Ritualen, die in ihrer Musik und ihrem Tanz überliefert sind. Der Place Orson Welles ist ein grüner Park neben dem Place Moulay Hassan. Seinen Namen erhielt er zu Ehren des Regisseurs, der 1952 in Essaouira *Othello* drehte.

Anreise

Die Fernstraße N8 wurde kürzlich ausgebaut, sodass die 180 km schnell geschafft sind. Fahren Sie frühmorgens los, damit Sie rechtzeitig zum Mittagessen ankommen. Nehmen Sie ein Taxi für die etwa dreistündige Fahrt.

KLEINE PAUSE

Einen Imbiss oder eine Mahlzeit erhalten Sie im Restaurant des Hôtel La Kasbah (Complexe Touristique, Aït Ben Haddou, Ouarzazate, Tel. 2124 89 03 02).

✉ **Km 100 route 207, verlassen Sie die N8 aus Marrakech nach 80 km**

JEBEL TOUBKAL

Der Aufstieg zum Jebel Toubkal (4167m), dem höchsten Gipfel Nordafrikas, ist eine einmalige Gelegenheit. Von Juni bis September, wenn kein Schnee liegt, müssen Sie kein erfahrener Bergsteiger sein – Sie sollten aber über ausreichend Kondition verfügen. Planen Sie eine Übernachtung in einer der Hütten an der Schneegrenze (3200 m) ein, bevor Sie am nächsten Tag den Gipfel besteigen. Weihen Sie Andere in Ihre Routenpläne ein und rechnen Sie damit, dass Sie besseres Wetter abwarten müssen.

Oben: Der Jebel Toubkal

Seite 153: Mopedfahrer im La Palmeraie Viertel in Marrakech

✉ Die Wanderwege beginnen in Imlil, 65 km südlich von Marrakech 🍴 CAF Schutzhütte an der Schneegrenze: Ein Bett mit Abendessen kostet ca. 8 Euro pro Nacht ❓ Bergführer mit guten Fremdsprachenkenntnissen vermittelt das Bureau des Guides de Montagne im Zentrum von Imlil ☎ 024 48 56 26; www.guides.fr.fm oder fragen Sie in der Kasbah du Toubkal (► 36) ✋ Rechnen Sie mit 30–40 Euro pro Tag für den Führer

TAKERKOUST SEE

Wenn Sie keine Zeit für eine längere Rundreise haben, aber aus der staubigen Hitze Marrakechs fliehen möchten, machen Sie einen Tagesausflug zum Lalla Takerkoust, 30 km südlich von Marrakech. Um diesen künstlichen See liegen zahlreiche Restaurants und Hotels, z. B. das Relais du Lac, in dem auch Kayakfahren, Jetski und Pferdereiten angeboten werden. Oder Sie suchen sich einfach ein ruhiges Plätzchen zum Baden.

✉ Km 30 route S507 (folgen Sie ab Marrakech der R203 nach Taroudant und fahren Sie nach 8 km ab) ☎ Relais du Lac: 024 48 49 43/ 061 24 24 54; www.hotel-relaisdulacmarrakech.com

Praktisches

REISEVORBEREITUNG

WICHTIGE PAPIERE

- ● Erforderlich
- ○ Empfohlen
- ▲ Nicht erforderlich

	Deutschland	Österreich	Schweiz
Pass (mindestens 6 Monate gültig)	●	●	●
Visum	▲	▲	▲
Weiter- oder Rückflugticket	▲	▲	▲
Impfungen (Tetanus und Polio)	▲	▲	▲
Krankenversicherung (▶ 158, Gesundheit)	▲	▲	▲
Reiseversicherung	○	○	○
Führerschein (national)	●	●	●
Kfz-Haftpflichtversicherung (bei Mietwagen eingeschlossen)	●	●	●
Fahrzeugschein	●	●	●

Die oben genannten Anforderungen gelten für Aufenthalte von maximal drei Monaten. Achten Sie darauf, dass Ihr Pass bei Ankunft abgestempelt wird. Andernfalls kann es beim Abflug an der Passkontrolle Probleme geben.

REISEZEIT

Marrakech

Hauptsaison   Nebensaison

JAN	FEB	MÄRZ	APRIL	MAi	JUNI	JULI	AUG	SEPT	OKT	NOV	DEZ
18°C	20°C	23°C	26°C	29°C	33°C	38°C	38°C	33°C	28°C	23°C	19°C

Sonnig   Bedeckt   Regnerisch   Wechselhaft

Die angegebenen Temperaturen sind das mittlere Tagesmaximum jeden Monats.

Marrakech ist mit Ausnahme der unerträglich heißen Monate Juli und August ganzjährig ein Reiseziel. Den Meisten ist der Winter mit ein paar heißen Tagen warm genug. In den Bergen und im windigen Essaouira ist es ein paar Grad kälter.

Es gibt wenig Niederschlag in Marrakech, aber nach einem winterlichen Wolkenbruch werden die Straßen schnell matschig. Erkundigen Sie sich vor einem Ausflug in die Berge nach eventuellen Behinderungen durch Schnee. An Weihnachten, Neujahr und Ostern ist viel los und alles etwas teurer.

INFORMATION VORAB

Websites

www.visitmorocco.org, die Seite des staatlich marokkanischen Fremdenverkehrsamts, www.ilove-marrakesh.com, eine kommerzielle Seite mit hervorragendem Online-Stadtführer auf Englisch oder Französisch.

In Deutschland

Marokkanisches Fremdenverkehrsamt
Graf-Adolf-Straße 59
40210 Düsseldorf
☎ (0211) 37 05 51/52
E-Mail: marokkofva@aol.com

ANREISE

Mit dem Flugzeug: Royal Air Maroc (Tel. 069 92 00 140; www.royalairmaroc.de) und Lufthansa haben **Nonstop-Flüge** nach Marokko im Angebot, Royal Air Maroc fliegt beispielsweise von Frankfurt **mit Zwischenstopp** in Casablanca weiter nach Marrakech. Die Billig-Airlines Air Berlin (www.AirBerlin.com), Ryanair (www.ryanair.com) und TuiFly (www.tuifly.de) bieten von verschiedenen Orten Flüge nach Marokko an. Easyjet (www.easyjet.com) fliegt auch ab Genf und Basel.
Flugzeiten: Direktflüge von Frankfurt nach Casablanca dauern ca. viereinhalb Stunden.

Mit dem Schiff: Mehrere Linienfähren verbinden Frankreich oder Spanien mit Marokko. **Preisgünstige Angebote** haben Trasmediterranea in Algeciras, Spanien (www.tras mediterranea.es) oder Companair (www.companair.co.ma). Mehrmals täglich verkehrt zwischen Algeciras und dem spanischen Ceuta eine **Autofähre** (90 Minuten), eine **Schnellfähre** (40 Minuten) oder ein **Katamaran** (30 Minuten). Passagiere ohne Auto fahren mit dem Bus zur marokkanischen Grenze und steigen dort in einen Bus zu ihrem endgültigen Reiseziel um.

Mit dem Auto: Sie können **von Spanien oder Frankreich** mit der Fähre übersetzen. Da die Pass- und Zollkontrollen zwischen Ceuta und Marokko lange dauern, empfiehlt es sich, Tanger anzusteuern.

ZEIT

In Marokko gilt die Westeuropäische Zeit (WEZ) ohne Umstellung auf die Sommerzeit: im Winter MEZ – 1 Stunde, im Sommer MEZ – 2 Stunden.

WÄHRUNG UND GELDWECHSEL

Währung: Marokkanische Dirham (MAD oder DH) können ausserhalb Marokkos nicht umgetauscht werden, nehmen Sie also Ihre Kreditkarte mit, um bei der Ankunft Geld abzuheben. Mit Travellerschecks müssen Sie Warteschlangen in Banken und schlechte Wechselkurse in Kauf nehmen. Beim Abflug können Sie nach der Passkontrolle nicht mehr mit Dirham bezahlen, auch nicht bei der nationalen marokkanischen Fluglinie.

Banken und Kreditkarten Um den Jemaa El Fna finden Sie zahlreiche Geldautomaten, ebenso in den meisten Banken. Stören Sie sich nicht an den Bettlern an den Automaten in der Medina. Kreditkarten werden in den meisten Hotels und Geschäften akzeptiert, aber für kleine Käufe in den Souks sollten Sie Bargeld bereithalten. Bei größeren Einkäufen akzeptiert der Verkäufer evtl. auch Ihre Kreditkarte.

Preise Die Kosten für Hotels und Essen gehen in Marrakech sind mit europäischen Preisen vergleichbar, besonders wenn Sie Alkoholika bestellen. Wenn Sie geschickt verhandeln, können Sie die Angebote im Internet in den Souks unterbieten.

In Österreich
Marokkanisches Fremdenverkehrsamt
Kärntner Ring 17/2/23
1010 Wien
☎ (01) 512 53 26
E-Mail: marokkotourismus@aon.at

In der Schweiz
Marokkanisches Fremdenverkehrsamt
Schifflände 5
8001 Zürich
☎ (044) 252 73 16
E-Mail: info@marokko.ch

DAS WICHTIGSTE VOR ORT

KONFEKTIONSGRÖSSEN

Deutschland	Marokko	
46	46	
48	48	
50	50	Anzüge
52	52	
54	54	
56	56	
41	41	
42	42	
43	43	Schuhe
44	44	
45	45	
46	46	
37	37	
38	38	
39/40	39/40	Hemden
41	41	
42	42	
43	43	
34	36	
36	38	
38	40	Kleider
40	42	
42	44	
44	46	
37,5	37.5	
38	38	
38,5	38.5	Schuhe
39	39	
40	40	
41	41	

FEIERTAGE

Einige Feiertage orientieren sich am islamischen Mondkalender und verschieben sich jährlich (*).

1. Januar	Neujahr
11. Januar	Unabhängigkeitsmanifest
9. März	*Mouloud (Geburtstag des Propheten)
1. Mai	Tag der Arbeit
30. Juli	Fête du Thrône (Fest der Thronbesteigung)
14. August	Fête Oued ed Dahab (Integration der Westsahara-Region)
20. August	Révolution du Roi et du Peuple (Revolutionstag des Königs und des Volkes)
21. August	Geburtstag von König Mohamed VI.
September	*Aïd El Fitr (Ende des Ramadan)
6. November	Marche Verte (Jahrestag des Grünen Marsches)
18. November	Fête de l'Indépendance (Unabhängigkeitstag)
November	*Aïd al-Adha (Opferfest)
Dezember	*Fatih Muharram (muslimisches Neujahr)

ÖFFNUNGSZEITEN

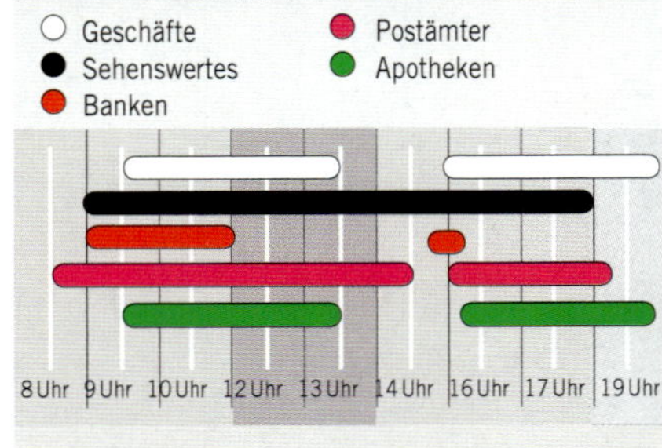

Geschäfte in der Neustadt haben wochentags über Mittag und sonntags geschlossen. Die Souks haben jeden Tag bis 21 Uhr oder länger geöffnet, sind allerdings Freitag morgens geschlossen – mittags oder an Sonntagen schließen sie nicht.

ZEITUNTERSCHIED

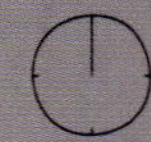
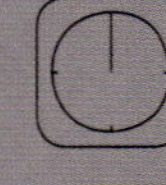
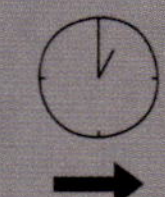
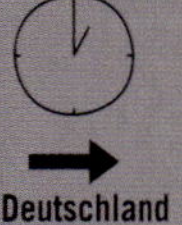
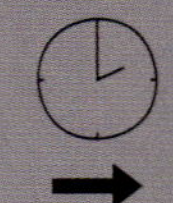

SICHERHEIT

Dank der allgegenwärtigen zivilen Touristen-Polizei, die hart gegen Täter vorgeht, ist Marrakech sehr sicher geworden. Es gibt kaum Unannehmlichkeiten auf den Straßen, selbst Taschendiebstahl ist nicht mehr das Problem, das es einst war.

KLEIDUNG UND SITTLICHES BENEHMEN

Frauen sollten darauf achten Arme, Beine, Nacken und Dekolleté zu bedecken. Das Zeigen von nackter Haut erregt nach wie vor Ärgernis und zieht unangenehme Blicke auf sich. Eine leichte Stola schützt nicht nur vor mißbilligenden Blicken, sondern auch vor der Sonne. Verzichten Sie auf Schuhe mit hohen Absätzen, fast überall gibt es unebenes Kopfsteinpflaster.

ELEKTRIZITÄT

In Marokko beträgt die Spannung 220 Volt, in manchen Gegenden jedoch noch 110 Volt. Stecker haben zwei runde Stifte, wie sie auch in Frankreich gebräuchlich sind. Nehmen Sie von zu Hause einen Adapter mit.

TELEFONIEREN

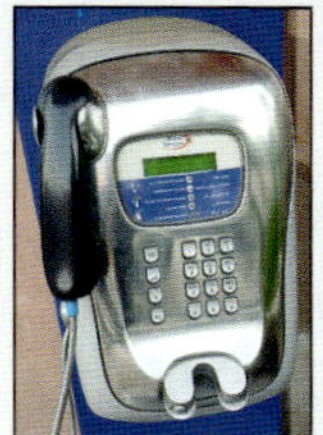

Internationale Vorwahlen von Marokko ins Ausland:

Deutschland: 0049
Österreich: 0043
Schweiz: 0041

Sollten Sie einen längeren Aufenthalt planen, lohnt eine pre-paid SIM-Karte der Maroc Telekom oder Méditel, die Sie in ihrem Handy verwenden können. Ansonsten erhalten Sie in den Tabakläden oder am Zeitungskiosk Telefonkarten für Telefonzellen. Bei Telefonaten von Ihrem Hotelzimmer aus müssen Sie mit einem kräftigen Aufpreis rechnen. Marokkos Festnetz hat eine Vorwahlzone Süden (02) und Norden (03), bei Ortsgesprächen in Marrakech wählen Sie »024« vor. Die Vorwahl vom Ausland nach Marokko ist »00 212«.

POST

Das Haupt-PPT (Postamt) befindet sich am Place 16 Novembre, Ecke Avenue Mohamed V und Avenue Hassan II. (Mo–Sa 8–14 Uhr). Ein weiteres PTT finden Sie am Jemaa El Fna (Mo–Do 8.30–12 und 14–18.30 Uhr, Fr 8.30–11.30 und 15–18.30 Uhr, Sa 8.30–11.30 Uhr).

TRINKGELD

Hotels (falls exkl. Service)	10%
Restaurants (falls exkl. Service)	10–15%
Cafés/Bars	10%
Taxis	10%
Massage/Spa Bedienstete	5%
Portiers	Kleingeld
Führer	Kleingeld
Toiletten	Kleingeld

POLIZEI 19

TOURISTEN POLIZEI 024 38 46 01

FEUERWEHR 15

KRANKENWAGEN 024 44 37 24

GESUNDHEIT

 **Krankenversicherung:** Vergewissern Sie sich, dass Ihre Kankenversicherung für die Behandlung in Marokko aufkommt und im Notfall Ihren Heimflug übernimmt. Eine Auslandskrankenversicherung ist wichtig und wird neben den üblichen Versicherungsunternehmen auch oft von Reiseveranstaltern oder Automobilclubs als Zusatzversicherung angeboten. In größeren marokkanischen Städten stehen gut ausgebildete Ärzte zur Verfügung. Die Notfallversorgung in staatlichen Krankenhäusern ist kostenlos.

 **(Zahn-)Ärzte** Falls nötig, sollten Sie sich von Ihrem Hotel einen privaten Zahnarzt *(dentiste)* oder Allgemeinmediziner *(médecin généraliste, GP)* empfehlen lassen.

 **Medikamente:** Nehmen Sie Kopien Ihrer Rezepte mit, in Apotheken ist ein breites Angebot bei uns verschreibungspflichtiger Medikamente frei verkäuflich. Allerdings sind Medikamente oft sehr teuer, bringen Sie daher Schmerz-, Durchfall- und Sonnenbrandmittel mit.

 **Trinkwasser:** Unabgekochtes Leitungswasser kann zu Magenproblemen führen. Kaufen Sie Wasserflaschen und trinken Sie ausreichend.

KINDER

Die Medina ist kein geeigneter Ort für kleine Kinder; es gibt nur wenig, was sie interessieren könnte und Sie selbst kommen mit einem Buggy nur schwer voran. Die *riads* in der Medina mit ihrer exquisiten Einrichtung sind meist sehr hellhörig und mit kleinen Kindern nicht zu empfehlen. Familien sollten sich ein Hotel außerhalb der Altstadt mit guter Verkehrsanbindung aussuchen. Buchen Sie eines der Hotels in der Neustadt und unternehmen Sie nur kurze Spaziergänge in die Medina, besser sind Ausflüge in die Berge oder ans Meer (➤ 140, Ausflüge).

EINRICHTUNGEN FÜR BEHINDERTE

Spezielle Einrichtungen für Reisende mit Behinderungen gibt es in Marokko kaum und die Medina ist kein einfaches Pflaster. Die Marokkaner sind in der Regel hilfsbereit, doch sind Hotels, öffentliche Verkehrsmittel und Sehenswürdigkeiten meist nicht behindertengerecht konzipiert. Die Vielzahl der neueren Hotels ist weitaus besser ausgestattet. Wenden Sie sich vor der Buchung Ihrer Reise an Ihr Reisebüro oder Ihr Hotel.

TOILETTEN

Es gibt keine öffentlichen Toiletten, aber man kann die Toiletten der meisten Cafés und Restaurants benutzen. Achten Sie darauf, Trinkgeld zu geben, wenn es dort einen Bediensteten gibt, es ist womöglich sein einziger Lohn. Eigenes Klopapier dabeizuhaben schadet nicht. Es fehlt oft, weil Einheimische stattdessen Wasser benutzen. »Où sont les toilettes?« heißt »Wo sind die Toiletten?« und wird von den meisten verstanden.

BOTSCHAFTEN UND KONSULATE

Deutschland (Rabat)
☎ (037) 68 91 00
Fax: (037) 70 68 51
www.rabat-diplo.de

Österreich (Rabat)
☎ (037) 76 40 03
Fax: (037) 76 54 25

Schweiz (Rabat)
☎ (037) 26 80 30
Fax: (037) 26 80 40

IMMER ZU GEBRAUCHEN

Das marokkanische Arabisch unterscheidet sich deutlich vom klassischen, außerdem werden hier drei Berberdialekte gesprochen. Einige Marokkaner sprechen fließend mehrere Sprachen. Im Folgenden sind die Wörter ansatzweise in phonetischer Umschrift wiedergegeben; eine exakte Aussprache ist damit allerdings noch nicht möglich. Wörter oder Buchstaben in Klammern geben die Formen an, die für weibliche Sprecher gelten.

IMMER ZU GEBRAUCHEN	ARABISCH	FRANZÖSISCH
Sprechen Sie English?	**Itkelim Ingleezi?**	*Parlez-vous anglais?*
Ich verstehe nicht	**Mafhemsh**	*Je ne comprends pas*
Ja / Nein	**eeyeh, naam / la**	*oui / non*
Guten Tag (zu Muslimen)	**Es Salaam alaykum**	*bonjour*
Als Antwort (von Muslimen)	**wa alaykum salaam**	
Guten Tag (zwanglos)	**La bes**	*bonjour*
Als Antwort (zwanglos)	**bikheer**	
Guten Abend	**Msa l'khir**	*bonsoir*
Auf Wiedersehen	**bislemah**	*au revoir*
Bitte	**min fadlak (fadlik)/afek**	*s'il vous plaît*
Danke	**shukran**	*merci*
Verzeihung	**Esmghli**	*Excusez-moi*
So Gott will, hoffentlich	**Inshallah**	

UNTERWEGS	ARABISCH	FRANZÖSISCH
Ich habe die Orientierung verloren	**Ana T'left**	*Je suis perdu*
Wo ist …?	**Feyn…?**	*Où se trouve…?*
Moschee	**gaama; masjid**	*la mosquée*
Nah / fern	**qurayib / baeed**	*près / loin*
Links / rechts	**liseer / limeen**	*à gauche / à droite*
geradeaus	**neeshan**	*tout droit*
Wie viele Kilometer?	**Kam kilomet?**	*Combien de kilomètres?*

NOTFALL!	ARABISCH	FRANZÖSISCH
Apotheke	**farmasie**	*la pharmacie*
Krankenhaus	**mustashfa**	*la clinique/ l'hôpital*
Arzt	**tabeeb**	*le médecin*
Medikament	**dawa'a**	*le médicament*
Schmerz	**alam**	*la douleur*
Es tut weh… hier		*j'ai mal… içi*
Durchfall	**is'hal**	*la diarrhée*
Schwindel	**dawsah**	*le vertige*

RESTAURANT	ARABISCH	FRANZÖSISCH
Restaurant	**mataam**	*le restaurant*
Frühstück	**iftar**	*le petit déjeuner*
Mittagessen	**ghaada**	*le déjeuner*
Abendessen	**asha'a**	*le dîner*
Eier	**beydh**	*les oeufs*
Brot	**khobz**	*le pain*
Butter	**zibda**	*le beurre*
Kaffee	**kahwa**	*le café*

Fleisch	**leham**	*la viande*
Fisch	**samak**	*le poisson*
Hühnchen	**dajaj**	*le poulet*
Ich möchte … essen	**B'ghit akul …**	*je voudrais manger …*

EINKAUFEN	ARABISCH	FRANZÖSISCH
Markt	**souk**	*le marché*
Das ist teuer	**Innahoo ghalee**	*C'est cher*
Wie viel macht das?	**Kam si'ruh hatha?**	*C'est combien?*
In einer anderen Farbe?	**Lawnan akhar?**	*Une autre couleur?*
Wo ist der Spiegel?	**Aynal mir'ah?**	*Où est le miroir?*
genug	**kafee**	*assez*
geöffnet	**mahlul**	*ouvert*
geschlossen	**mahdud**	*fermé*

ZAHLEN	ARABISCH	FRANZÖSISCH
0	**sifr**	*zéro*
1 / der/die Erste	**waahid / al'awwal**	*un / premier*
2 / der/die Zweite	**ithnayn or zuz / athaanee**	*deux / deuxième*
3 / der/die Dritte	**talata / ataalith**	*trois / troisième*
4	**arbaa**	*quatre*
5	**khamsah**	*cinq*
6	**sitta**	*six*
7	**sabbah**	*sept*
8	**tamaniyah**	*huit*
9	**tissah**	*neuf*
10	**asharah**	*dix*
100	**miyyah**	*cent*
200	**miyyatayn**	*deux cent*
2000	**alfayn**	*deux-mille*

GLOSSAR

Arabesque Geometrisches und florales Ornament mit Schrift

Bab Tor in der Stadtmauer

Babouche Traditionelle Pantoffeln aus Leder

Berber Die Ureinwohner von Marokko und Nordafrika

Borj Fort, Turm

Caid Distriktsverwalter

Calèche Kutsche

Jellaba von Frauen und Männern getragener Umhang mit Kapuze

Djemaa/jamaa Moschee

Drar Haus

Ensemble Artisanal Staatliches Geschäft mit Festpreisen

Fondouk Herberge

Haik Traditioneller Schleier

Hamam Dampfbad, normalerweise in der Nähe der Moscheen für Waschungen vor dem Gebet

Kasbah Befestigtes Dorf

Koran (Qu'ran) Heiliges Buch der Muslime

Koubba Grab eines Heiligen/Kuppelbau

Makhzen Regierung

Maristan (Islamisches) Krankenhaus

Medersa Koranschule

Medina Altstadt

Mellah Jüdisches Viertel

Midan Platz

Minarett Schlanker Turm an einer Moschee

Minzah Garten in alten marokkanischen Häusern

Moulay Nachkomme Mohammeds, Titel marokkanischer Sultane

Mouloud Geburtstag des Propheten

Moussem Wallfahrt und Feier zu Ehren eines muslimischen Heiligen

Mstani Christ

Oud Marokkanische Musik

Oued Fluss oder Flussbett

Pisé Baumaterial aus gepresstem Lehm und Steinen aus dem Flussbett

Ramadan Islamischer Fastenmonat

Ras Quelle

Sahn Hof einer Moschee

Sawiris Einwohner von Essaouira

Sharia Straße

Shereef Nachfolger Mohammeds

Souk Straßenmarkt, Basar

Tizi Pass

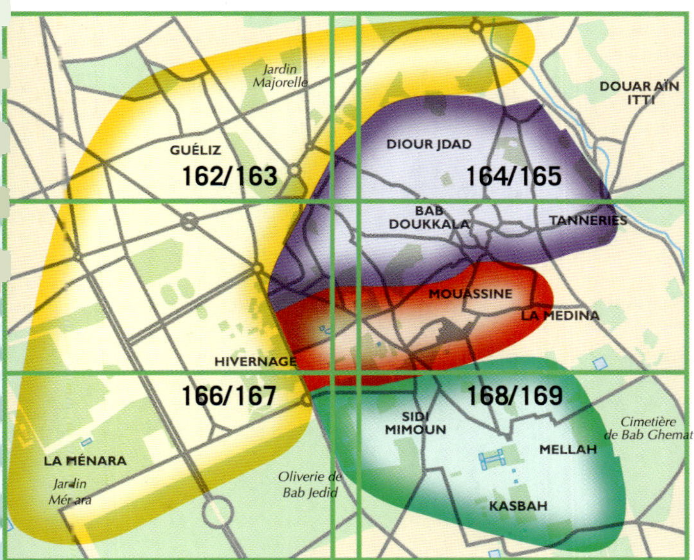

Kapiteleinteilung: siehe Übersichtskarte auf der Umschlaginnenseite

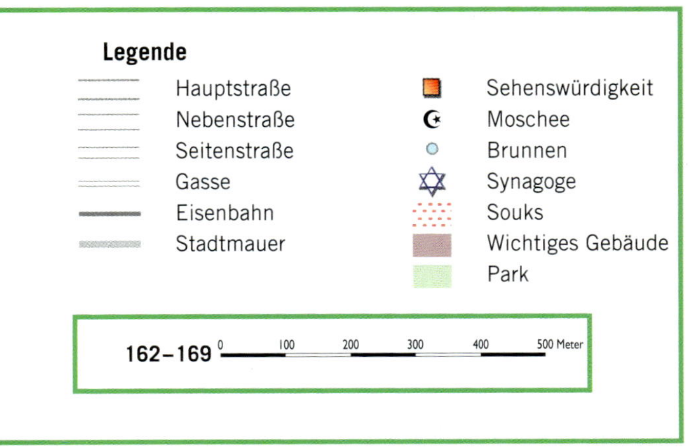

Cityplan

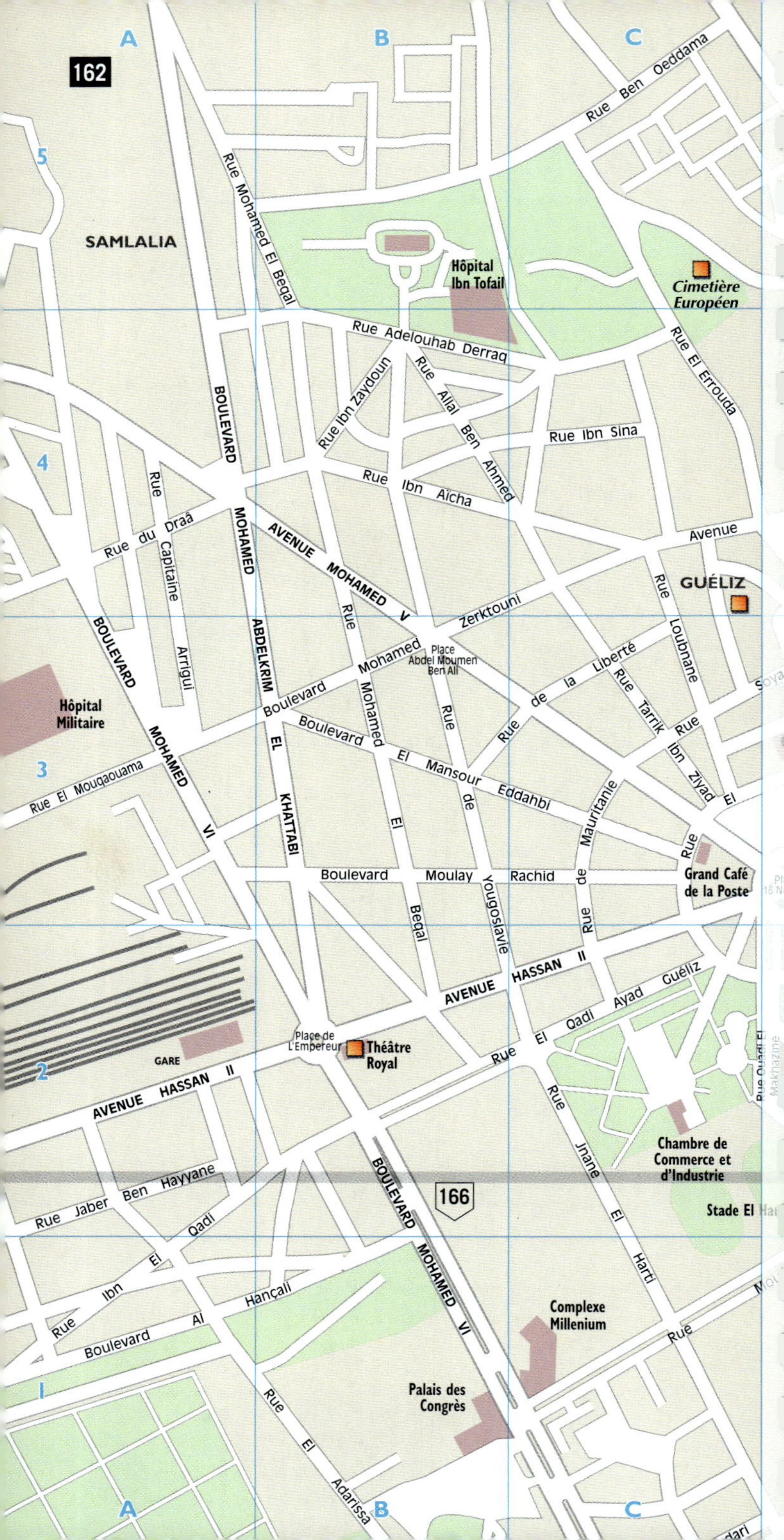

162
A
B
C
5
4
3
2
1
SAMLALIA
Rue Mohamed El Beqal
Rue Ben Oeddama
Hôpital Ibn Tofail
Cimetière Européen
Rue Adelouhab Derraq
Rue El Errouda
Rue Ibn Zaydoun
Rue Allal Ben Ahmed
Rue Ibn Sina
Rue Ibn Aïcha
BOULEVARD
AVENUE MOHAMED V
MOHAMED
Avenue
Rue du Draâ
Rue du Capitaine
Arrigui
Rue Mohamed
Zerktouni
GUÉLIZ
Rue Loubnane
BOULEVARD
ABDELKRIM
Boulevard
Place Abdel Moumen Ben Ali
Rue de la Liberté
Rue Tarrik
Rue Ibn Zivad
Hôpital Militaire
MOHAMED VI
Rue El Mouqaouama
EL
Boulevard
El Mansour Eddahbi
Rue
Rue de Mauritanie
El
KHATTABI
Rue
de
Rue
Grand Café de la Poste
Boulevard
Moulay
Rachid
Beqal
Yougoslavie
AVENUE HASSAN II
El Qadi Ayad Guéliz
GARE
Place de L'Empereur
Théâtre Royal
Rue
Rue
Jnane
Chambre de Commerce et d'Industrie
AVENUE HASSAN II
Rue Jaber Ben Hayyane
Qadi
BOULEVARD
166
El Harti
Stade El Hai
Rue Ibn El
Hançali
Al
Boulevard
MOHAMED VI
Complexe Millenium
Rue
Rue El
Palais des Congrès
Rue El
Adarissa
Rue Ouadi El Makhazine

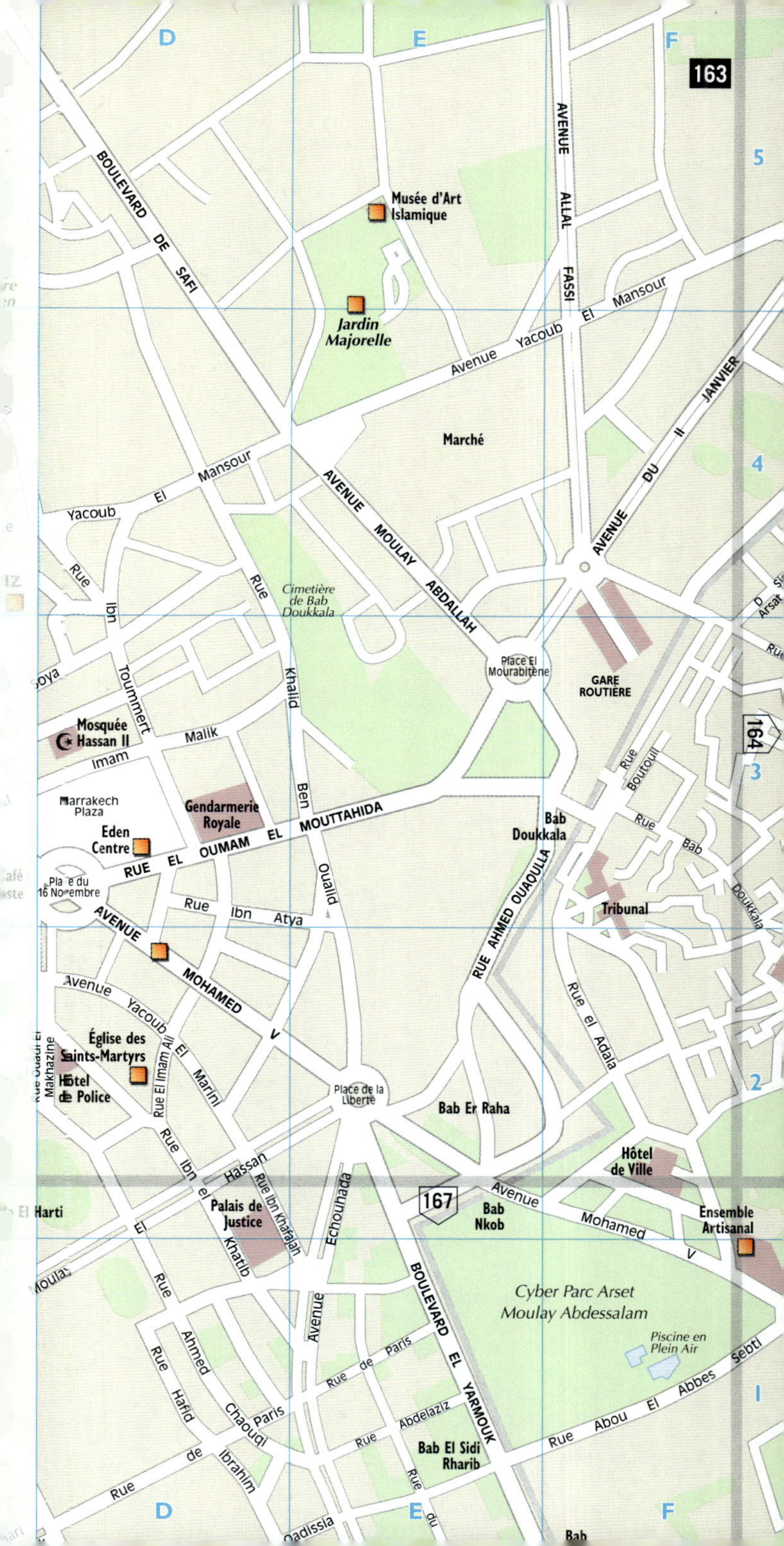

163
D
E
F
5
4
3
2
1
AVENUE ALLAL FASSI
AVENUE DU 11 JANVIER
BOULEVARD DE SAFI
Musée d'Art Islamique
Jardin Majorelle
Avenue Yacoub El Mansour
Marché
Mansour
El
Yacoub
Rue Ibn
AVENUE MOULAY ABDALLAH
Cimetière de Bab Doukkala
Rue
Khalid
Place El Mourabitène
GARE ROUTIÈRE
Soya
Toummert
Mosquée Hassan II
Malik
Imam
Ben
Oualid
Rue Boutouil
Rue Bab Doukkala
D Si Arset
Rue
Marrakech Plaza
Gendarmerie Royale
RUE EL OUMAM EL MOUTTAHIDA
Bab Doukkala
Eden Centre
Place du 16 Novembre
Rue Ibn Atya
RUE AHMED OUAQOULA
Tribunal
AVENUE MOHAMED V
Rue el Adala
Café este
Avenue Yacoub El Marini
Rue El Imam Ali
Rue Oudai El Makhazine
Église des Saints-Martyrs
Hôtel de Police
Place de la Liberté
Bab Er Raha
Hôtel de Ville
El Harti
El
Moulay
Rue
Ahmed
Rue Ibn el Hassan
Rue Ibn Khafaian
Palais de Justice
Khatib
Echouhada
167
Bab Nkob
Avenue Mohamed V
Ensemble Artisanal
Cyber Parc Arset Moulay Abdessalam
Piscine en Plein Air
Sebti
Rue
Hafid
Rue
Chaouqi
de
Rue Ibrahim
Paris
Avenue
Rue de Paris
BOULEVARD EL YARMOUK
Rue Abdelaziz
Rue Abou El Abbes
Bab El Sidi Rharib
Rue du
Qadissia
Bab

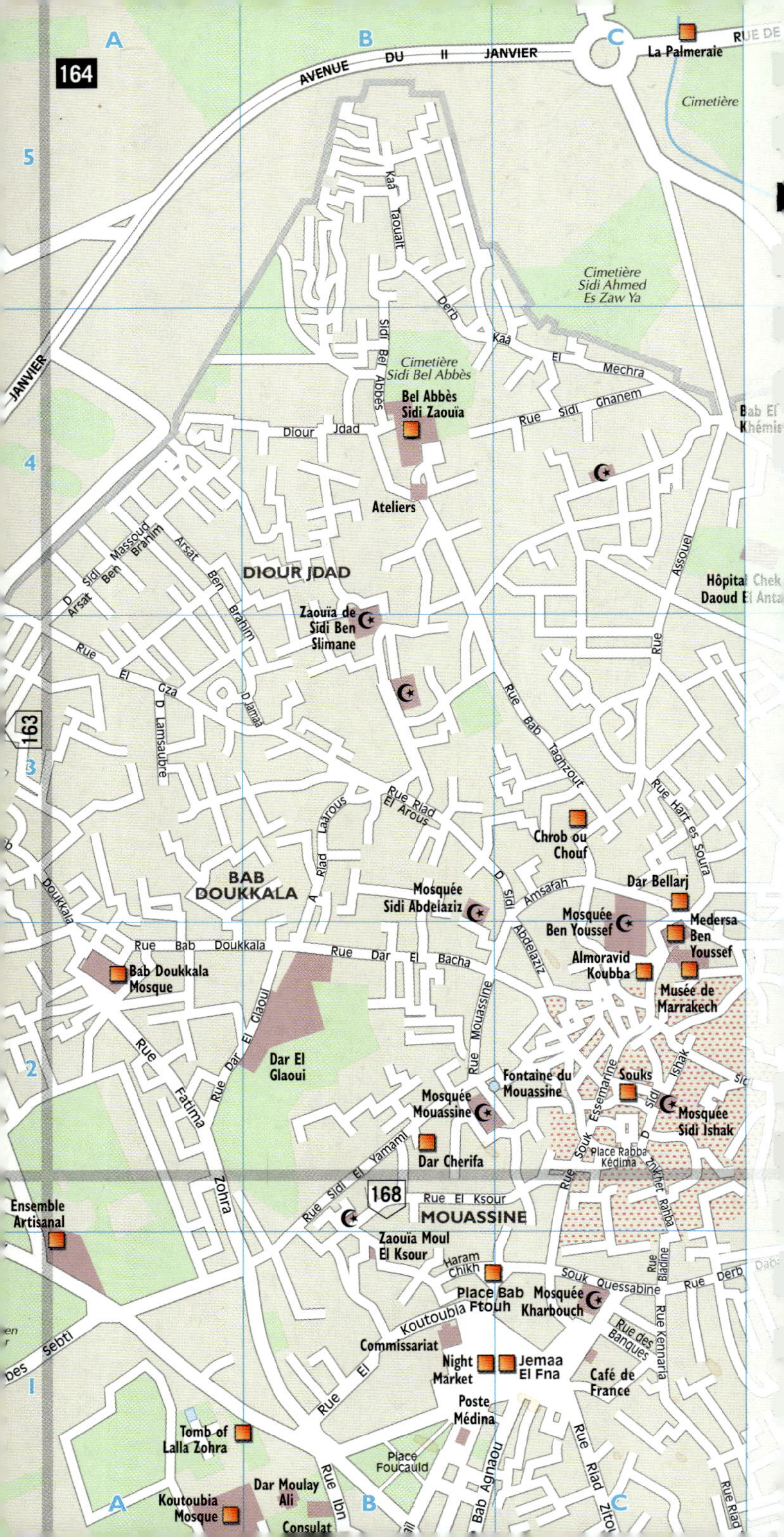

164
A B C
5
4
3
2
1
163
164
168
AVENUE DU II JANVIER
RUE DE
La Palmeraie
Cimetière
Cimetière Sidi Ahmed Es Zaw Ya
JANVIER
Kaâ Taoualt
Derb
Sidi Bel Abbès
Kaâ
Cimetière Sidi Bel Abbès
Bel Abbès Sidi Zaouïa
Rue Sidi Ghanem
El Mechra
Bab El Khémis
Diour Jdad
Ateliers
DIOUR JDAD
Rue Assouel
Hôpital Chek Daoud El Anta
D Sidi Ben Massoud Brahim
Arsat Ben Brahim
Zaouïa de Sidi Ben Slimane
D Arsat
Rue El Gza
D Lamsaubre
D Jamaa
Rue Bab Taghzout
Rue
Rue Riad El Arous
BAB DOUKKALA
A Riad Laârous
A Riad
Rue Riad El Arous
Chrob ou Chouf
Rue Haïr es Soura
D Sidi Amsafah
Mosquée Sidi Abdelaziz
Dar Bellarj
Mosquée Ben Youssef
D Sidi Abdelaziz
Medersa Ben Youssef
Doukkala
Rue Bab Doukkala
Rue Dar El Bacha
Almoravid Koubba
Musée de Marrakech
Bab Doukkala Mosque
Rue Dar El Glaoui
Rue Mouassine
Rue Fatima Zohra
Dar El Glaoui
Souk Essemarine
Fontaine du Mouassine
Souks
D Sidi Ishak
Mosquée Sidi Ishak
Sidi
Mosquée Mouassine
Dar Cherifa
Rue Sidi El Yamami
Place Rabba Kédima
Khnet Ranba
Ensemble Artisanal
MOUASSINE
Rue El Ksour
Zaouïa Moul El Ksour
Haram Chikh
Souk Quessabine
Rue des Banques
Rue Kennaria
Rue Derb
Dab
Rue El Koutoubia Ftouh
Place Bab Ftouh
Mosquée Kharbouch
Commissariat
Night Market
Jemaa El Fna
Café de France
Rue El
Poste Médina
Bab Agnaou
Rue Riad Zitou
Rue Riad
des Sebti
en r
Tomb of Lalla Zohra
Koutoubia Mosque
Dar Moulay Ali Consulat
Rue Ibn
Place Foucauld

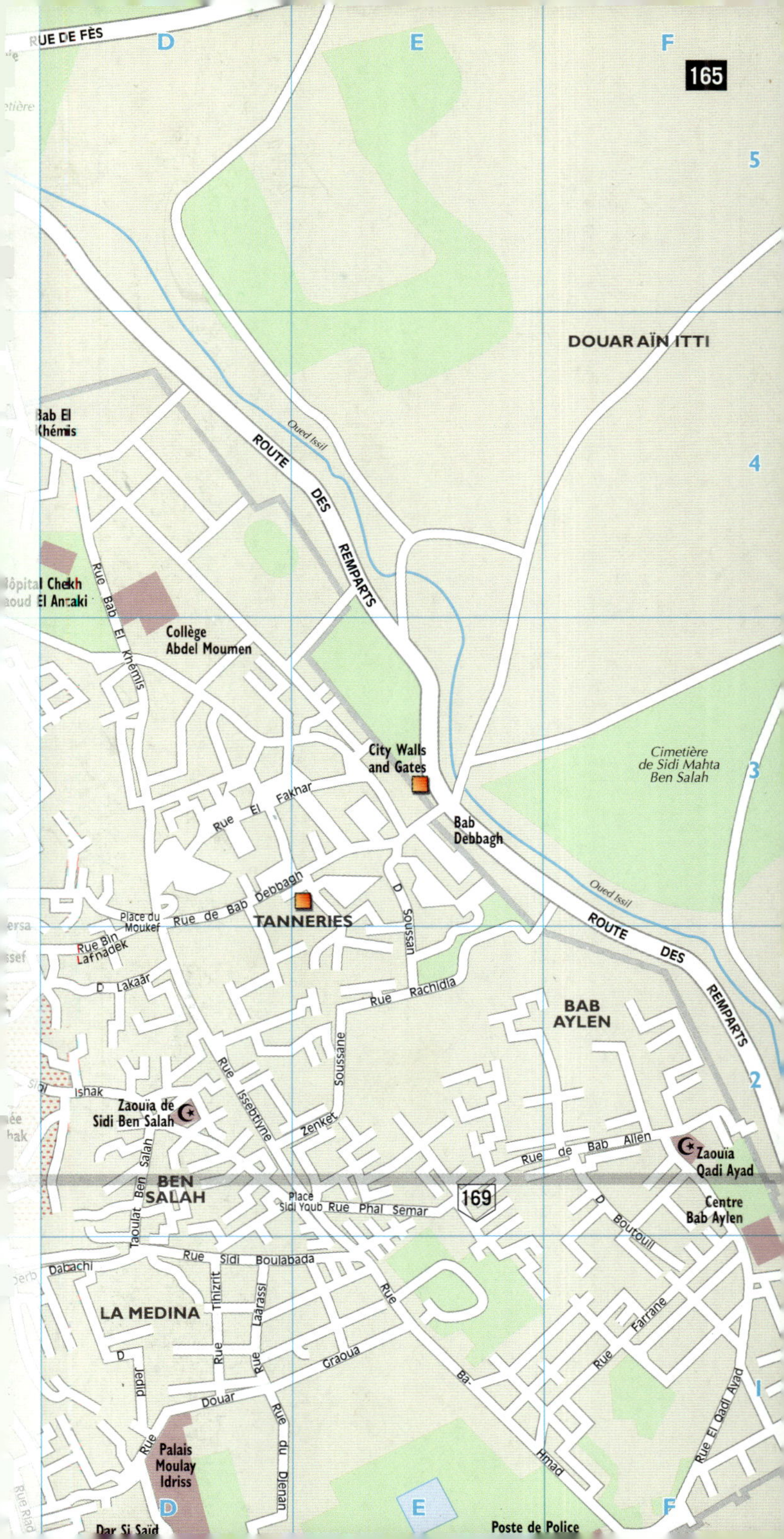

165
RUE DE FÈS
D
E
F
5
4
3
2
1
DOUAR AÏN ITTI
Bab El Khémis
ROUTE DES REMPARTS
Oued Issil
Hôpital Chekh
aoud El Antaki
Collège Abdel Moumen
Rue Bab El Khémis
City Walls and Gates
Cimetière de Sidi Mahta Ben Salah
Bab Debbagh
Rue El Fakhar
Oued Issil
ROUTE DES REMPARTS
Rue de Bab Debbagh
D Soussan
TANNERIES
Place du Moukef
Rue Bin Lafnadek
D Lakaar
Rue Rachidia
BAB AYLEN
Soussane
Rue Issebtiyme
Zenket
Ishak
Zaouïa de Sidi Ben Salah
Taoulat Ben Salah
Rue de Bab Aïlen
Zaouïa Qadi Ayad
BEN SALAH
Place Sidi Youb
Rue Phal Semar
169
D Boutouil
Centre Bab Aylen
Dabachi
Rue Sidi Boulabada
LA MEDINA
Rue Tihizrit
Rue Laarassi
Rue
Graoua
Rue Farrane
D Jedid
Rue
Douar
Rue du Djenan
Ba-
Rue El Qadi Ayad
Palais Moulay Idriss
Rue
Hmad
D
E
F
Dar Si Said
Poste de Police
Rue Riad

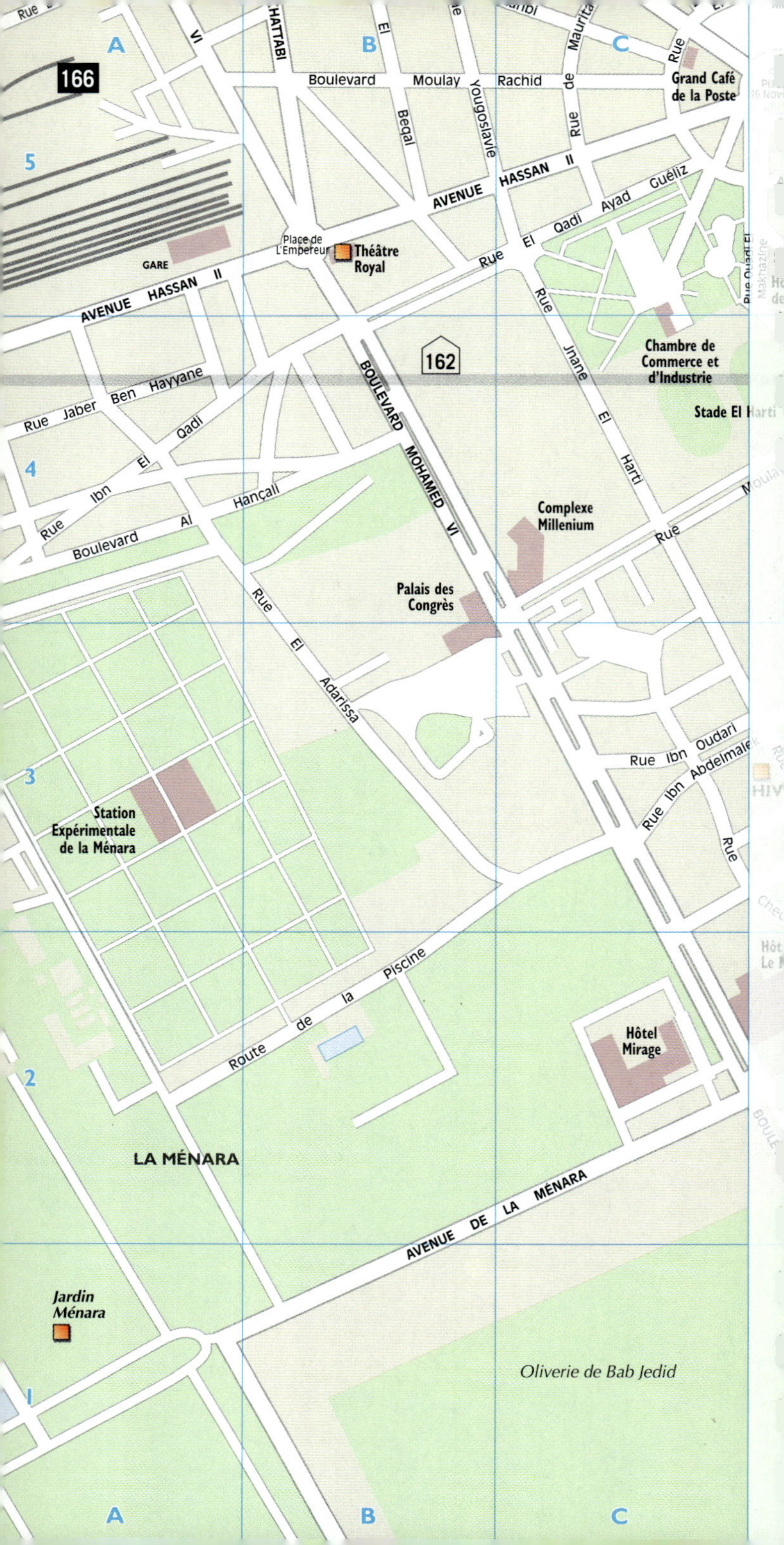
166
A
B
C
5
Boulevard Moulay Rachid
Grand Café de la Poste
El Khattabi
El Beqal
Rue Yougoslavie
Rue de Maurita
AVENUE HASSAN II
Rue El Qadi Ayad Guéliz
Place de L'Empereur
Théâtre Royal
GARE
AVENUE HASSAN II
Rue
Chambre de Commerce et d'Industrie
162
BOULEVARD MOHAMED VI
Rue Jnane
Stade El Harti
4
Rue Jaber Ben Hayyane
El Qadi
Ibn Hançali
Boulevard Al
Rue
El Harti
Rue
Moula
Complexe Millenium
Palais des Congrès
Rue El Adarissa
Rue Ibn Oudari
Rue Ibn Abdelmalek
3
Station Expérimentale de la Ménara
Rue
HIV
2
Route de la Piscine
Hôtel Mirage
BOULE
LA MÉNARA
AVENUE DE LA MÉNARA
1
Jardin Ménara
Oliverie de Bab Jedid
A
B
C

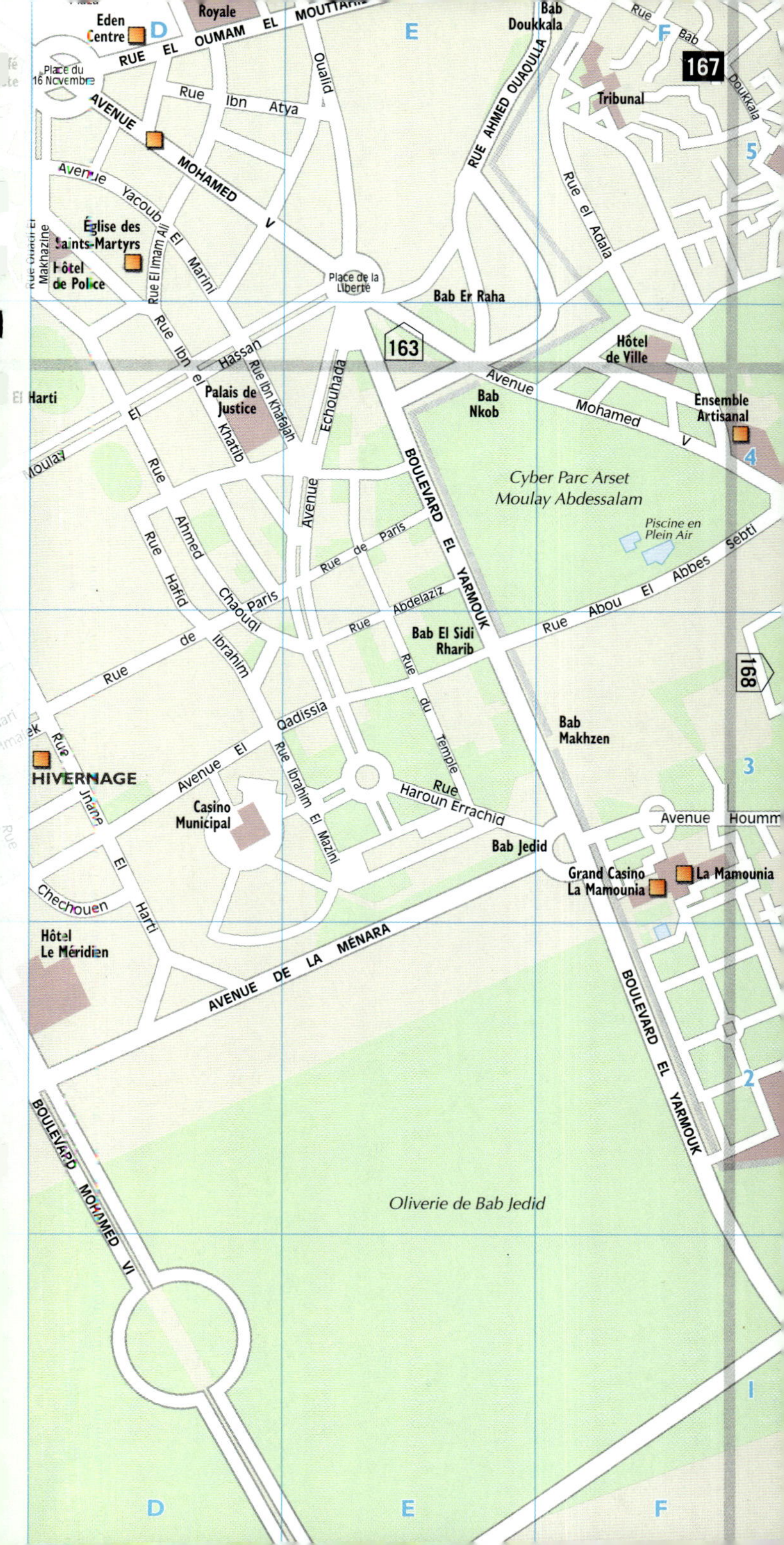

Royale
Bab Doukkala
Rue Bab
167
Eden Centre
D
RUE EL OUMAM EL MOUTTAHIDA
Ouaild
E
F
Rue Doukkala
Place du 16 Novembre
RUE EL
AVENUE
Rue Ibn Atya
RUE AHMED OUAOULLA
Tribunal
5
MOHAMED
Rue el Adala
Avenue Yacoub El Mansour
Église des Saints-Martyrs
Rue El Imam Ali
Rue Ibn Marini
V
Rue Ouahal El Makhzine
Hôtel de Police
Place de la Liberté
Bab Er Raha
Hôtel de Ville
163
Avenue
El Harti
Rue Ibn el Hassan
Palais de Justice
Rue Ibn Khafajah
Echouhada
Bab Nkob
Mohamed
Ensemble Artisanal
El
Khatib
Avenue
V
4
Moulay
Rue
Cyber Parc Arset Moulay Abdessalam
Piscine en Plein Air
Sebti
Rue Ahmed Hafid
Chaouqi
Paris
Rue de Paris
BOULEVARD EL YARMOUK
Rue Abou El Abbes
Rue
de
Ibrahim
Rue
Abdelaziz
Bab El Sidi Rharib
168
Rue
Qadissia
Rue
du
Bab Makhzen
3
Jnana
Rue Malek
HIVERNAGE
Avenue El
Rue Ibrahim El Mazini
Temple
Rue Haroun Errachid
Avenue
Houmm
El
Casino Municipal
Bab Jedid
Grand Casino La Mamounia
La Mamounia
Chechouen
Harti
Hôtel Le Méridien
AVENUE DE LA MÉNARA
BOULEVARD EL YARMOUK
2
BOULEVARD MOHAMED VI
Oliverie de Bab Jedid
I
D
E
F

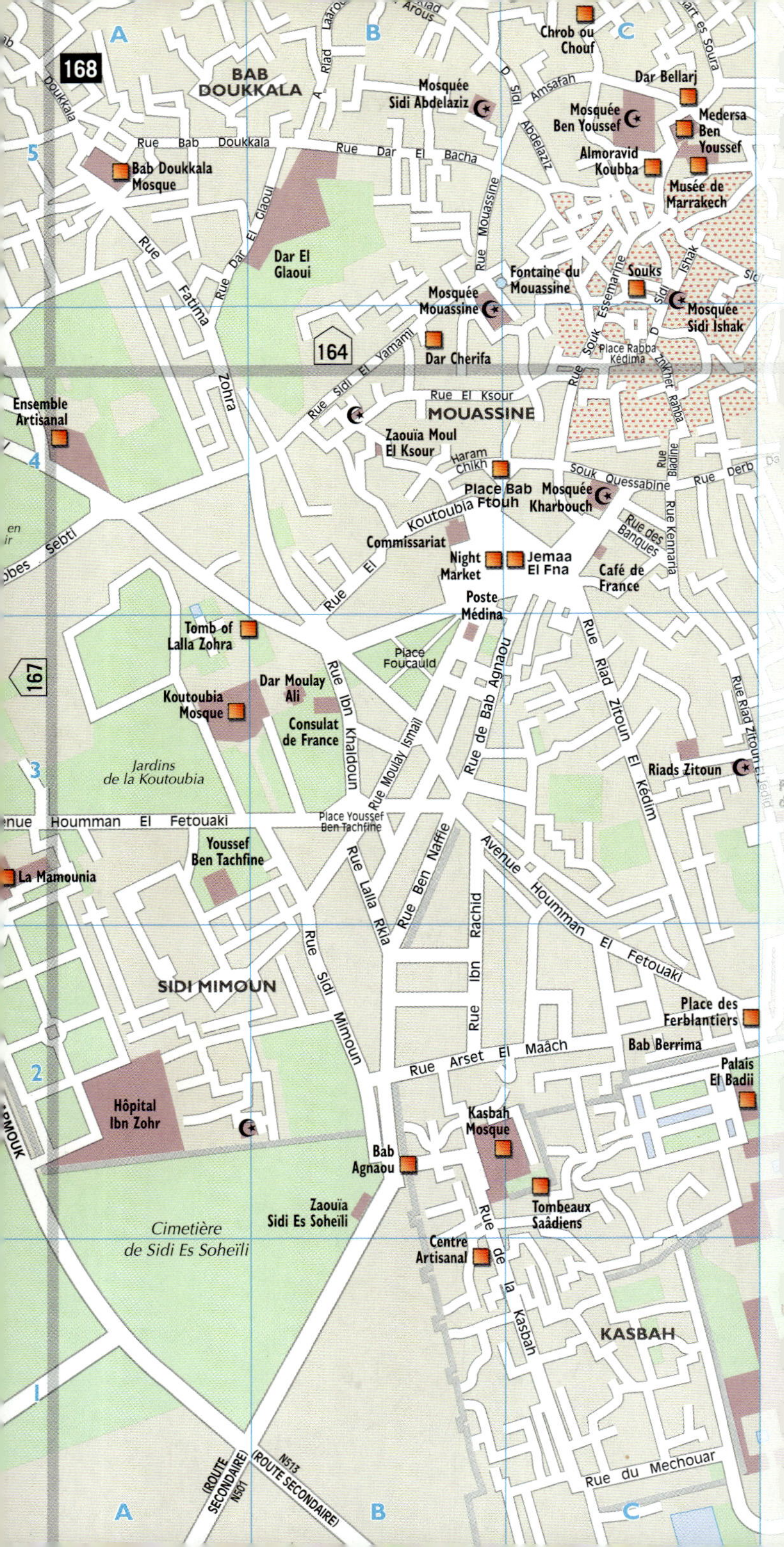

168

BAB DOUKKALA

164

167

A B C

5 4 3 2 1

Bab Doukkala Mosque
Rue Bab Doukkala
Rue Dar El Bacha
Rue Dar El Glaoui
Dar El Glaoui
Rue Fatima Zohra
Rue Sidi El Yamami
Ensemble Artisanal
Mosquée Sidi Abdelaziz
Mosquée Mouassine
Dar Cherifa
Rue El Ksour
MOUASSINE
Zaouïa Moul El Ksour
Haram Chikh
Place Bab Ftouh
Rue Koutoubia
Commissariat
Rue El
Night Market
Jemaa El Fna
Poste Médina
Rue Ibn Khaldoun
Rue Moulay Ismaïl
Place Foucauld
Tomb of Lalla Zohra
Dar Moulay Ali
Consulat de France
Koutoubia Mosque
Jardins de la Koutoubia
Place Youssef Ben Tachfine
Avenue Houmman El Fetouaki
Youssef Ben Tachfine
La Mamounia
Rue Lalla Rkia
Rue Sidi Mimoun
SIDI MIMOUN
Rue Ben Naffie
Rue Ibn Rachid
Rue Arset El Maâch
Hôpital Ibn Zohr
Bab Agnaou
Rue de Bab Agnaou
Zaouïa Sidi Es Soheïli
Cimetière de Sidi Es Soheïli
Centre Artisanal
Kasbah Mosque
Tombeaux Saâdiens
Rue de la Kasbah
KASBAH
Rue du Mechouar
Chrob ou Chouf
Dar Bellarj
Mosquée Ben Youssef
Medersa Ben Youssef
Almoravid Koubba
Musée de Marrakech
Fontaine du Mouassine
Souks
Mosquée Sidi Ishak
Rue Souk Essemarine
Place Rabba Kédima
Souk Quessabine
Rue des Banques
Rue Kennaria
Rue Derb
Mosquée Kharbouch
Café de France
Rue Riad Zitoun El Kédim
Rue Riad Zitoun El Jedid
Riads Zitoun
Place des Ferblantiers
Bab Berrima
Palais El Badii
N513
(ROUTE SECONDAIRE) N501
(ROUTE SECONDAIRE)

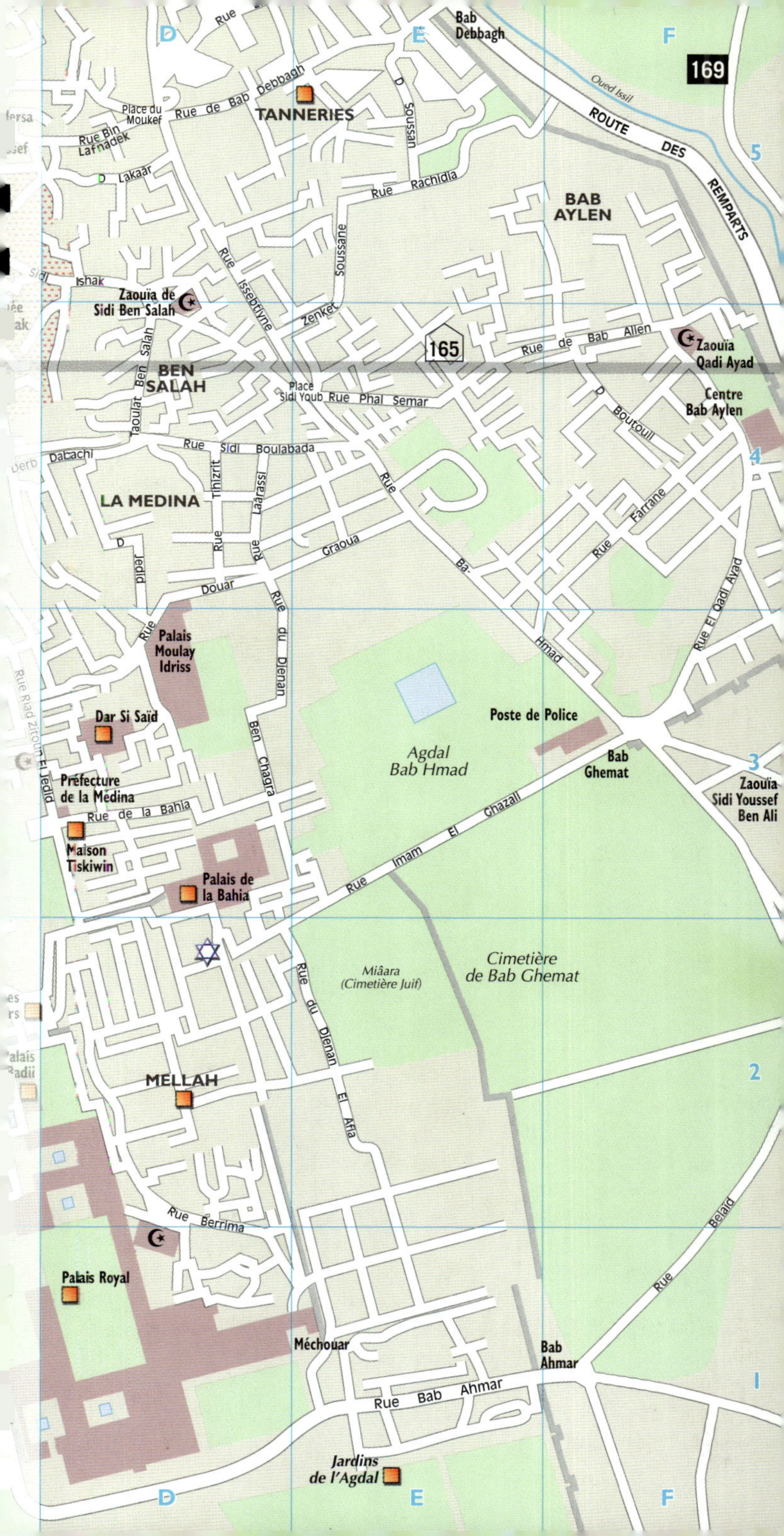

169
Bab Debbagh
ROUTE DES REMPARTS
Oued Issil
Rue
Rue de Bab Debbagh
Place du Moukef
Rue Bin Lafnadek
TANNERIES
D Lakaar
D Soussan
Rue Rachidia
BAB AYLEN
Zenket Soussane
Ishak
Zaouïa de Sidi Ben Salah
Rue Isseptyine
Taoulat Ben Salah
165
Rue de Bab Ailen
Zaouïa Qadi Ayad
BEN SALAH
Place Sidi Youb
Rue Phal Semar
D Boutouil
Centre Bab Aylen
Datachi
Rue Sidi Boulabada
Derb
LA MEDINA
Thizrit
Rue Laarassi
Rue
Rue Farrane
D Jedid
Graoua
Rue
Ba-
Rue El Qadi Ayad
4
Douar
Rue
Rue du Djenan
Ben Chagra
Palais Moulay Idriss
Rue Riad Zitoun El Jedid
Dar Si Saïd
Poste de Police
Hmad
Préfecture de la Medina
Agdal Bab Hmad
Bab Ghemat
Zaouïa Sidi Youssef Ben Ali
3
Rue de la Bahia
Maison Tiskiwin
Rue Imam El Ghazali
Palais de la Bahia
Miâara (Cimetière Juif)
Cimetière de Bab Ghemat
es rs
Palais Badii
Rue du Djenan
MELLAH
2
El Afia
Rue Berrima
Rue Belaid
Palais Royal
Méchouar
Bab Ahmar
I
Rue Bab Ahmar
Jardins de l'Agdal

Abbildungsnachweis

Die Automobile Association bedankt sich bei folgenden Fotografen und Agenturen für die freundliche Unterstützung bei der Realisierung dieses Buches.

Abkürzungen: (o) oben; (u) unten; (l) links; (r) rechts; (AA) AA World Travel Library. (AM) Anna Mockford; (NB) Nick Bonetti.

Umschlag: (o/u) AA/P Kenward.

2i AA/AM und NB; 2ii AA/AM und NB; 2iii AA/AM und NB; 2iv AA/AM und NB; 2v AA/AM und NB; 3i AA/AM und NB; 3ii AA/AM und NB; 3iii AA/AM und NB; 5l AA/AM und NB; 5c AA/AM und NB; 5r AA/AM und NB; 6 AA/AM und NB; 7o Mary Evans Picture Libraray/Tom Gillmor; 7u Cate Gillion/Getty Images; 8 Mick Jagger, Marrakesh, 1967, Cecil Beaton (1904–1980), Courtesy of the Cecil Beaton Studio Archive at Sotheby's; 9 Everett Collection/Rex Features; 10/11 AA/AM und NB; 11c AA/AM und NB; 11u AA/AM und NB; 12o AA/AM und NB; 12c AA/AM und NB; 13 AA/AM und NB; 15ol Chris Jackson/Getty Images; 15or Ali Linh/AFP/Getty Images; 16 AA/AM und NB; 17ol AA/AM und NB; 17or AA/I Burgum; 18 AA/I Burgum; 19 AA/AM und NB; 20 AA/S McBride; 22o AA/AM und NB; 22c AA/AM und NB; 22ul AA/AM und NB; 22ur AA/AM und NB; 23ol AA/AM und NB; 23or AA/AM und NB; 23ul AA/AM und NB; 23ur AA/AM und NB; 25 AA/AM und NB; 26c AA/AM und NB; 26u AA/AM und NB; 27o AA/AM und NB; 27u AA/AM und NB; 28 AA/AM und NB; 29o AA/AM und NB; 29u AA/AM und NB; 30 AA/AM und NB; 31l AA/AM und NB; 31c AA/AM und NB; 31r AA/AM und NB; 43l AA/AM und NB; 43c AA/AM und NB; 43r AA/AM und NB; 44 AA/AM und NB; 45 AA/I Burgum; 45o AA/S McBride; 46u AA/AM und NB; 47 AA/AM und NB; 48 AA/AM und NB; 49 AA/AM und NB; 50 AA/S McBride; 51 AA/AM und NB; 52o AA/AM und NB; 52u AA/AM und NB; 53 AA/AM und NB; 54 AA/AM und NB; 55 AA/AM und NB; 56 AA/AM und NB; 57 AA/AM und NB; 59 AA/AM und NB; 65l AA/AM und NB; 65c AA/AM und NB; 65r AA/AM und NB; 66 AA/AM und NB; 67o AA/AM und NB; 67u AA/AM und NB; 68 AA/AM und NB; 70 Lee Frost/Robert Harding; 71 AA/AM und NB; 72 AA/AM und NB; 73c AA/AM und NB; 73u AA/AM und NB; 74 AA/AM und NB; 75 AA/AM und NB; 76 AA/AM und NB; 77 AA/AM und NB; 78 AA/AM und NB; 80 AA/AM und NB; 81 AA/AM und NB; 82 AA/AM und NB; 83 AA/AM und NB; 84 AA/AM und NB; 85 AA/AM und NB; 91l AA/AM und NB; 91c AA/AM und NB; 91r AA/AM und NB; 93 AA/AM und NB; 94 AA/AM und NB; 95 AA/AM und NB; 96 AA/AM und NB; 97 AA/AM und NB; 98 AA/AM und NB; 99 AA/AM und NB; 100 AA/AM und NB; 101 AA/AM und NB; 102 AA/AM und NB; 103 AA/AM und NB; 104 AA/AM und NB; 105 AA/AM und NB; 106 AA/AM und NB; 111l AA/AM und NB; 111c AA/AM und NB; 111r AA/AM und NB; 113c AA/AM und NB; 113u AA/AM und NB; 114 AA/AM und NB; 115 AA/AM und NB; 117 AA/AM und NB; 118o AA/AM und NB; 118u AA/AM und NB; 119 AA/AM und NB; 120/121 AA/AM und NB; 123 AA/AM und NB; 129l AA/AM und NB; 129c AA/AM und NB; 129r AA/AM und NB; 130 AA/AM und NB; 131 AA/AM und NB; 132l AA/AM und NB; 132r AA/AM und NB; 133 AA/AM und NB; 134 AA/AM und NB; 135 AA/AM und NB; 136 AA/AM und NB; 137 AA/AM und NB; 139l AA/AM und NB; 139c AA/AM und NB; 139r AA/AM und NB; 141 AA/AM und NB; 143 AA/AM und NB; 144/145 AA/AM und NB; 145 AA/AM und NB; 146 AA/AM und NB; 147 AA/AM und NB; 148/149 AA/AM und NB; 150/151 AA/AM und NB; 152 AA/AM und NB; 153l AA/AM und NB; 153c AA/AM und NB; 153r AA/AM und NB; 157o AA/AM und NB; 157c AA/AM und NB

Der Verlag hat keine Mühen gescheut die Copyright-Inhaber zu ermitteln, dennoch möchte sich der Verlag für mögliche Fehler entschuldigen. Hinweise und Korrekturen sind jederzeit willkommen.

NATIONAL GEOGRAPHIC — Leserbefragung

Ihre Ratschläge, Urteile und Empfehlungen sind für uns sehr wichtig. Wir bemühen uns, unsere Reiseführer ständig zu verbessern. Wenn Sie sich ein paar Minuten Zeit nehmen, diesen kleinen Fragebogen auszufüllen, könnten Sie uns sehr dabei helfen.

Wenn Sie diese Seite nicht herausreißen möchten, können Sie uns auch eine Kopie schicken, oder Sie notieren Ihre Hinweise einfach auf einem separaten Blatt.

Bitte senden Sie Ihre Antwort an:
NATIONAL GEOGRAPHIC SPIRALLO-REISEFÜHRER, MAIRDUMONT GmbH & Co. KG, Postfach 31 51, D-73751 Ostfildern, E-Mail: spirallo@nationalgeographic.de

Über dieses Buch …

NATIONAL GEOGRAPHIC SPIRALLO-REISEFÜHRER **MARRAKECH**

Wo haben Sie das Buch gekauft? _______________

Wann? Monat / Jahr _______________

Warum haben Sie sich für einen Titel dieser Reihe entschieden?
____
____

Wie fanden Sie das Buch?

Hervorragend ☐   Genau richtig ☐   Weitgehend gelungen ☐

Enttäuschend ☐

Können Sie uns Gründe angeben?
____
____
____
____

Hat Ihnen etwas an diesem Führer besonders gut gefallen?
____
____
____
____

Was hätten wir besser machen können?
____
____
____

Persönliche Angaben

Name _______________

Adresse _______________
____

Zu welcher Altersgruppe gehören Sie?
Unter 25 ☐   25–34 ☐   35–44 ☐   45–54 ☐   Über 65 ☐

Wie oft im Jahr fahren Sie in Urlaub?
Seltener als einmal ☐   Einmal ☐   Zweimal ☐   Dreimal bzw. öfter ☐

Wie sind Sie verreist?
Allein ☐   Mit Partner ☐   Mit Freunden ☐   Mit Familie ☐

Wie alt sind Ihre Kinder? _______________

Über Ihre Reise …

Wann haben Sie die Reise gebucht? Monat / Jahr _______________

Wann sind Sie verreist? Monat / Jahr _______________

Wie lange waren Sie verreist? _______________

War es eine ☐ Urlaubsreise oder ☐ ein beruflicher Aufenthalt?

Haben Sie noch weitere Reiseführer gekauft? ☐ Ja   ☐ Nein

Wenn ja welche? _______________

Herzlichen Dank dafür, dass Sie sich die Zeit genommen haben, diesen Fragebogen auszufüllen.